인슈어테크 인사이트 :
보험산업의 변화와 보험회사의 전략적 응답

이용수

서울경제경영

본 도서는 서울과학종합대학원대학교 박사학위논문을 바탕으로 재편집된 것 입니다.

들어가는 글

2016년 1월에 개최된 세계경제포럼에서는 인공지능, 로보틱스 등의 신기술이 산업과 사회 전반을 근본적으로 변화하고 있는 현상을 "제4차 산업혁명"이라고 명명하였다. 이때를 기점으로 한국에서도 과거의 전산화 단계를 넘어서 디지털 신기술을 통해 비즈니스를 혁신하려는 움직임이 거세어졌다. 보험산업 분야도 마찬가지로 신기술로 무장한 스타트업들이 등장해 보수적이고 공급자 중심이었던 보험업계에 큰 변화를 가져왔다. 디지털 매체를 통한 고객과의 상호작용, 인공지능을 접목한 서비스 혁신, 새로운 개념의 보험상품 등장과 같이 전에 없던 변화는 보험산업의 체질을 바꾸었다. 이를 대표하는 용어가 보험(Insurance)과 기술(Technology)의 합성어인 인슈어테크(Insurtech)다.

인슈어테크라는 용어가 2016년에 처음으로 한국 언론기사에서 다루어졌듯이 인슈어테크의 역사는 짧고 관련된 연구는 아직 많지 않다. 기존 연구는 크게 기술 관점, 시장참여자 관점, 보험 설루션 관점에서 진행되었는데 개별 주제에 한정하지 않고 인슈어테크의 태동부터 시기별로 어떤 변화가 나타났는지를 전반적으로 살펴본 연구는 찾기 어렵다. 시장참여자의 경우 보험시장에 새로 등장한 혁신적인 스타트업에 대한 연구에 초점이 맞춰져 있어서 전통적인 보험회사가 어떻게 인슈어테크를 활용하여 혁신하고 있는지에 대한 사례 연구는 드물다.

이러한 상황에서 이 책은 두 가지 목적을 달성하고자 한다. 첫 번째 목적은 시장과 산업의 차원에서 한국에서 인슈어테크가 태동한 때부터 8년 동안에 걸쳐 일어난 인슈어테크 기술의 변화, 시장참여자의 변화, 보험 설루션의 변화를 추적해 산업 성장의 역동적 흐름을 이해하는 것이다. 한국은 보험 가입률이 90% 후반 대이고 디지털화에서 앞서가는 국가이므로 다른 국가들은 한국의 사례로부터 인사이트를 얻을 수 있다.

한국의 인슈어테크 트렌드를 분석하기 위해 언론기사를 수집해서 텍스트마이닝을 수행하였다. 언론기사는 사회적 관심도를 반영한다는 점에서 트렌드를 살피는 데에 유용하다. 또한 언론기사 전체를 대상으로 과학적 분석기법인 텍스트마이닝을 적용해서 표본이 편향될 위험과 주관적으로 해석될 위험을 줄였다.

두 번째 목적은 개별 기업의 차원에서 인슈어테크를 어떻게 활용해 성과를 창출할 수 있는지를 분석해서 전통적인 보험회사들에게 인사이트를 제공하는 것이다. 이 책에서는 글로벌 보험회사 처브의 한국법인인 라이나생명을 대상으로 사례 분석을 수행했다. 업계 최초의 보험상품들을 출시하며 텔레마케팅을 중심으로 성장해 온 라이나생명은 인슈어테크가 등장한 초기부터 빠르게 대응해 가치사슬 전반을 혁신하고 지속적으로 성과를 창출하였다. 이러한 혁신 과정을 통합적으로 이해하기 위해 SER-M 프레임워크를 적용하였다. SER-M 프레임워크는 주체(Subject, S), 환경(Environment, E), 자원(Resource, R) 요소와 함께 이들 요소 간의 동태적인 상호작용으로 형성되는 경영 원리인 메커니즘(Mechanism, M)을 파악할 수 있도록 한다.

첫 번째 목적인 거시적 분석은 1장에서 다룬다. 한국의 언론기사를 텍스트마이닝 기법으로 분석한 결과를 통해 한국의 인슈어테크 발전 트렌드를 살펴본다. 두 번째 목적인 미시적 분석은 2장에서 다룬다. 라이나생명의 인슈어테크 혁신 사례를 통합적 경영전략 프레임워크인 SER-M 관점에서 체계화할 것이다. 이어서 3장에서는 경영활동을 바라보는 네 가지 시각에 비추어 1장과 2장의 내용을 다시 조명한다. Mechanism-Based View(메커니즘에 기반한 전략적 사고), Ethics(윤리적 고려사항), System Dynamics(시스템 다이내믹스), AI(인공지능) 각각의 시각은 한국의 인슈어테크 발전의 의미와 한계를 확인하는 렌즈가 되어줄 것이다.

목 차

제3장 다차원 관점으로 본 인슈어테크 / 63

제4장 인슈어테크 발전 트렌드와 전략: 종합적 고찰 / 70

제1장 / 인슈어테크 발전 트렌드

1 | 인슈어테크 이해를 위한 질문

보험산업은 진입장벽이 높고 상품 설계가 복잡해 변화가 느린 산업으로 인식되어 왔지만(Puschmann, 2017; Yan et al., 2018), 지난 십 년 간 인공지능, 빅데이터, 블록체인 등의 첨단기술이 보험산업을 변화시키고 있다(Greineder et al., 2020). 보험 인수 리스크 관리, 보험계약 관리, 보험금 지급 등에 첨단기술이 적용되어, 정보의 비대칭성, 도덕적 해이, 보험금 청구과정의 불편과 같이 기존 보험산업에 산재해 있던 문제들이 해결되거나 완화되고 있다(Cappiello, 2020).

인슈어테크는 보험산업 가치사슬 전반에 첨단기술을 접목하여 상품과 서비스의 품질을 개선하는 혁신 활동이다(Gómez & Pineda, 2023). 인슈어테크 관련 글로벌 시장은 빠르게 성장하고 있고 사회적 관심도 커지고 있다. 2015년에 인슈어테크 엑셀러레이터인 “스타트업 부트캠프 인슈어테크(Startupbootcamp InsureTech)”가 세계 최초로 설립되었고 인슈어테크 스타트업에 대한 투자가 촉진되었다. Boston Consulting Group(2022)에 따르면, 인슈어테크 스타트업 기업에 대한 글로벌 투자 규모는 2012년에는 약 4억 달러 수준에 불과했으나 2018년까지 7년간 누적 투자가 150억 달러를 넘었고, 2021년까지 10년간 연평균 64%의 속도로 성장하였다. 2021년 한 해에만 약 144억 달러의 투자가 이루어져서 전년도에 비해 87%가 증가하였다.

인슈어테크 관련 시장은 빠르게 성장하고 있지만, 인슈어테크와 관련한 기존 연구들은 아직까지 드물다. 기존 연구의 논의는 크게 세 가지 흐름으로 분류된다: 첫째, 인공지능, 블록체인과 같은 기술이 보험산업에 어떻게 적용될 수 있는지에 대한 연구(Crawford et al., 2016; Zhou et al., 2023; Juma'h & Li, 2023; Sangari & Mashatan, 2024; 김종필 & 송유진, 2018; 고제욱 외, 2019; Bharal & Shapiro, 2016; Turrin, 2018; Eling et al., 2022; Spender et al., 2019; Ahmad & Saxena, 2022; Catlin et al., 2018; Greineder et al., 2020; Cortis et al., 2019), 둘째, 인슈어테크 시장을 선도하는 주요 시장참여자가 누구인지에 관한 연구(Braun & Schreiber, 2017; Capgemini & Efma, 2017; Mueller, 2018; Svetlana, 2016; Sosa & Montes, 2022; Catlin & Lorenz, 2017; Puschmann, 2017; Yan et al., 2018), 셋째, 인슈어테크로 인한 보험산업의 가치사슬 변화에 대한 연구(Yao & Xu, 2019; Koprivica, 2018; Eling & Lehmann, 2018; de Andrés-Sánchez & Gené-Albesa, 2024; Zhang, 2022; Maier et al., 2020; Langenberger et al., 2023; Farbmacher et al., 2022; Zeier Röschmann et al., 2022; Sun et al., 2020; Hasnaoui & Barka, 2024).

이들 연구들은 개별적인 주제로 연구의 범위를 한정하는 경향이 있다., 보험산업에서 인슈어테크 관련 시장이 시간의 흐름에 따라 어떻게 발전하는지 전반적인 변화 트렌드를 설명하는 연구는 중국을 대상으로 한 연구(Cao et al., 2020) 외는 찾아보기 어렵다. 인슈어테크 시장의 성장과 발전 속에서 어떤 기술이 부각되었는지, 어떤 시장 참여자가 이러한 혁신을 주도하였는지, 보험 가치사슬에 어떤 혁신이 나타났는지와 같은 산업 성장의 역동적 흐름은 충분히 설명되지 않은 상태다.

한국은 보험시장의 규모가 크고 디지털화에서 앞서고 있는 국가다. 한국은 전 세계에서 보험시장 규모가 7위이고(SWISS Re, 2023b), 2019년 기준 가구당 보험 가입률은 98.2%, 개인별 보험 가입률은 95.1%에 달한다(보험연구원, 2019). 또한 SWISS Re는 2023년에 보험 디지털화 인덱스(Insurance Digitalisation Index)를 측정한 결과, 한국을 1위에 선정했다(SWISS Re, 2023a). 따라서 한국에서 인슈어테크가 어떻게 발전해 왔는지를 살펴보는 것은 다른 국가들에 인사이트를 줄 것으로 기대된다. 이에 다음의 세 가지 질문에 답하려 한다.

질문 1 : 한국의 인슈어테크 산업의 발전과정에서 어떤 기술이 주목받았는가?

질문 2 : 인슈어테크를 주도하는 핵심 시장참여자는 누구였으며 어떻게 변화했는가?

질문 3 : 인슈어테크를 통해 구체적으로 어떤 설루션이 개발되었고, 이를 통해 어떤 가치를 창출했는가?

이러한 세 가지 질문에 답하기 위해 언론기사를 수집하여 텍스트마이닝하는 방법을 채택했다. 사회적인 주제는 언론의 관심을 받고 대중은 언론을 통해 해당 주제를 잘 이해하고 여론을 형성한다는 점에서 인슈어테크와 관련한 언론기사를 시간의 흐름에 따라 분석하는 것은 한국에서 인슈어테크가 발전해 온 역동성을 파악하는 데에 유용하다(Holt & Barkemeyer, 2012). 먼저 2016년부터 2023년까지 한국 언론에 보도된 인슈어테크 관련 기사를 수집하고, 텍스트마이닝 기법 중 하나인 토픽랭크(TopicRank) 알고리즘 기반으로 연관도를 분석해 연도별로 인슈어테크와 연관성 높은 상위 단어들을 추출한다. 추출된 단어들의 변화 트렌드를 살펴봄으로써 시간의 흐름에 따라 어떤 기술들이 주목받았는지(질문 1), 누가 핵심 시장참여자로서 인슈어테크 발전을 선도했는지(질문 2), 인슈어테크를 통해 개발된 설루션은 무엇이었고 이를 통해 어떤 가치를 창출했는지(질문 3)를 확인한다.

위의 세 가지 질문에 대한 탐구를 중심으로 한국 시장의 인슈어테크 발전 트렌드를 보여줄 것이다. 한국에 한정하긴 했지만 인슈어테크 산업의 발전을 모색하는 데에 고려해야 할 일반적인 시사점을 함께 토의하고자 한다. 독자는 한국에서 인슈어테크가 발전해 온 흐름에 대한 이해를 높이고 보험산업에서 어떻게 전략을 수립하고 기술을 적용할지 인사이트를 얻을 수 있을 것이다.

2 | 인슈어테크 연구의 동향

(1) 인슈어테크 정의와 관점

인슈어테크라는 용어는 보험과 기술이 조합된 용어다(Marano & Noussia, 2020). 현재까지 이 용어에 대한 일관된 정의나 법적인 정의가 정립되지 않은 상태에 머물러 있다(Bafin, 2022). 이런 상황에서, Xu and Zweifel (2020, p. 307)는 다음과 같이 포괄적이고 정교하게 인슈어테크를 정의한 바 있다. 인슈어테크는 "비용을 절감하고 효율을 향상하거나 고객에게 더 나은 서비스가치를 제공하려는 전통적 또는 비전통적 시장참여자들이, 마케팅/영업, 위험평가/인수심사, 보험청구처리, 부가가치서비스와 같은 보험사업을 개선하고, 나아가서 보험상품/서비스를 혁신하고 운영/파트너십/비즈니스모델을 디지털화하기 위해, 정보기술을 활용해 데이터 기반 또는 고객 지향적인 설루션을 제공하는 현상"이다.

이러한 정의에 따라 인슈어테크를 세 가지 측면에서 설명할 수 있다. 즉, 어떤 기술을 활용하여 어떤 시장참여자들이 어떤 설루션을 제공하였는지에 초점을 두어 인슈어테크의 역동적인 발전 과정을 파악하는 것이다. 각각의 측면별로 선행연구들을 먼저 검토하고 이어서 한국의 언론기사 텍스트로부터 각 측면과 관련된 키워드들을 추출해 살펴보고자 한다.

(2) 인슈어테크 기술

인슈어테크 발전을 이끄는 기술은 블록체인, 빅데이터, 인공지능, 사물인터넷이고, 클라우드 컴퓨팅이 기반기술이 되고 있다(Financial Stability Board, 2017; Khatwani et al., 2023). 여러 학자가 블록체인, 빅데이터, 인공지능, 사물인터넷이 인슈어테크 발전에 어떻게 기여할 수 있는지 다양한 기대를 제시했고 동시에 이러한 기술의 한계에 대해서도 논의하였다.

먼저 블록체인은 2016년 세계경제포럼에서 떠오르는 10가지 기술(Top10 emerging technologies) 중 하나로 선정하는 등 많은 기대를 모았다. 블록체인은 분산 원장(distributed ledgers)의 특성을 이용해 네트워크 상의 모든 참가자가 접근할 수 있는 불변의 거래기록을 생성할 수 있다(Furdek et al., 2021). Crawford et al.(2016)은 인슈어테크에 대한 블록체인의 잠재적 영향에 대해 논의하고 분산화와 변조 방지 같은 블록체인의 기능이 고객과 보험회사 간에 관계의 투명성을 높이고 보험회사의 위험 관리 수준을 높일 것이라고 주장했다.

그러나 블록체인이 소개된 초기의 기대보다는 블록체인 관련 분야의 확산 속도가 그렇게 빠르지 않았다(Ricci et al., 2019). 이러한 상황에서 공급망 관리, 회계, 마케팅 등 여러 분야에서 블록체인의 수용성에 대한 연구가 진행되었으며(Zhou et al., 2023; Juma'h & Li, 2023; Sangari & Mashatan, 2024), 금융 분야에서도 블록체인 수용 의도를 높이는 요인에 대한 연구들이 이루어졌다. 김종필과 송유진(2018)은 블록체인을 적용한 보험서비스가 활성화되기 위해서는 경제적 효과와 보안성이 중요하다는 것을 발견했다. 고제욱 외(2019)는 가용성이 높을 때 블록체인을 수용할 가능성이 높아진다는 점을 밝혔다.

블록체인과 더불어 빅데이터와 인공지능이 인슈어테크 산업에서 혁신을 이끌고 있다. 빅데이터는 빠른 속도로 다양한 데이터 원천으로부터 수집되는 대규모의 데이터 저장소를 의미한다(De Mauro et al., 2016; IAIS, 2017). 보험시장에서 빅데이터와 데이터 애널리틱스는 상품 추천, 위험 측정과 인수, 보험금 청구 예측, 사기 탐지와 같은 다양한 프로세스에 사용되고 있다. 예를 들어 고객 맞춤 상품을 추천하고 자동 심사를 가능하게 한다(IAIS, 2018a).

인공지능은 기계가 인간의 지능을 모방하는 방법을 개발하는 것과 관련이 있다(Hull, 2021). 인공지능의 적용 범위는 위험 측정만 아니라 사기 예방, 보험금 청구처리와 같이 방대하다(Bharal & Shapiro, 2016; IAIS, 2018a). Turrin(2018)은 인공지능의 파괴적 기술을 활용해 챗봇 상담이 확대되고 이를 통해 미래의 보험판매 방식에도 큰 변화가 올 것이라고 하였다. Eling et al.(2022)은 보험 가치사슬에 걸친 인공지능의 영향과 위험인수가능성에 대한 인공지능의 영향을 연구한 결과, 인공지능을 활용하여 보험 비즈니스모델이 손실 보전(보상)에서 손실 예측/방지로 바뀔 때 비용 효율화와 신규수익 창출 모두 실현될 수 있음을 알아냈다.

마지막으로, 사물인터넷의 역할을 살펴보고자 한다. 사물인터넷은 서로 다른 객체와 시스템들 간에 데이터를 주고받을 수 있게 센서와 여타 기술들을 갖춘 객체와 장치들이 서로 연결된 네트워크를 의미한다. 보험의 관점에서 사물인터넷이 주로 적용되는 분야는 커넥티드 카, 첨단 운전자 지원 시스템(ADAS), 헬스 모니터링, 홈 모니터링이다(IAIS, 2018a). 실제로 이러한 사물인터넷 기반 서비스들이 보험산업에 적용되고 있다(Spender et al., 2019; Ahmad & Saxena, 2022).

이러한 개별 기술에 대한 논의 외에도, Catlin et al.(2018), Greineder et al.(2020)은 보험산업에서 인공지능 기술이 빅데이터나 사물인터넷과 같은 다른 기술과 융합해야 시너지 효과가 발생한다고 주장하였다. 즉, 인공지능 기술은 다른 기술들과 융합하거나 공존하는 방식으로 인슈어테크에 더 큰 가치를 가져올 수 있다는 것이다.

한편 Cortis et al.(2019)은 보험회사가 IT 예산의 50~70%를 연구개발보다는 운영비용에 소비하고 있어 신기술 적응에 시간이 걸리고 있다고 평가하였다. 그럼에도 불구하고 그들은 앞으로 빅데이터, 텔레매틱스, 웨어러블 및 사물인터넷이 인공지능과 결합해 소비자 맞춤형 제품을 개발하고 보험사업에 큰 변화를 가져올 것이라 설명하면서 다양한 기술들의 조합을 통해 인슈어테크는 더욱 발전할 것이라는 긍정적인 전망을 제시하였다.

(3) 인슈어테크 시장참여자

인슈어테크 시장참여자들의 변화를 살펴보는 것은 인슈어테크 발전의 역동성에 대한 인사이트를 제공한다. 전통적으로는 인가받은 보험회사, 판매 전문 보험중개인이 보험산업에서 주요한 역할을 담당해 왔지만 인슈어테크의 발전으로 기술로 무장한 스타트업이 보험산업에 새로 등장해 시장에 변화를 일으키고 있다. 기존 연구들은 인슈어테크로 인해 보험서비스를 제공하는 사업자들이 다양해지고 있음에 주목하였다. 그러나 대부분은 인슈어테크 스타트업에 대한 사례 소개에 초점을 두고 있다(Svetlana, 2016; Sosa & Montes, 2022; Catlin & Lorenz, 2017; Wind, 2017).

Braun and Schreiber(2017)는 보험산업의 가치사슬을 디지털해 온라인 채널로만 보험상품을 판매하는 기업들이 새로운 시장참여자로 등장하고 있음을 보여주었다. Capgemini and Efma(2017)는 대체로 설립된 지 5년이 되지 않으면서 상대적으로 작지만 성장하고 있고 소비자 기반을 갖추고 있는 스타트업 기업들이 인슈어테크 산업을 주도하고 있다고 설명한 바 있다. Mueller(2018)는 기술을 활용하여 보험산업 내에서 경쟁하거나 부가가치를 제공하는 보험회사, 보험중개인뿐 아니라 보험 가치사슬 전문가들까지 인슈어테크 시장참여자의 범위에 포함시켰다.

전통적인 보험회사와 인슈어테크 스타트업은 시장에 대응하는 방식에서 차이가 있다. 관련된 연구들을 살펴보면, Svetlana(2016)는 전통적인 보험회사가 상품 자체의 경쟁력으로 고객을 유치하는 것과는 달리 인슈어테크 스타트업은 상품 획득의 과정과 경험을 강조한다고 주장했다. 이렇듯 인슈어테크 스타트업들은 기존 보험회사들과 차별화를 꾀하면서 보험산업 전반의 혁신을 주도하였다. 이들은 첨단기술을 활용하여 고객 맞춤형 상품을 제공하고 고객과의 소통과 관계를 향상하는 성과를 거두었다(Sosa & Montes, 2022).

인슈어테크 스타트업들이 성공을 거두자 디지털화에 소극적인 태도를 취해왔던 기존의 전통적인 보험회사들, 보험중개자까지도 인슈어테크에 관심을 기울이기 시작하였다(Catlin & Lorenz, 2017; Puschmann, 2017; Yan et al., 2018). Wind(2017)은 전통적인 보험회사가 처음에는 새로운 기술을 비즈니스 모델에 통합하는 데 시간이 걸렸지만, 미국 상위 25개 보험사 중 2/3가 인슈어테크 스타트업에 벤처캐피털 투자를 했고 일부는 스타트업과 파트너십을 맺고 자체 플랫폼과 디지털 네트워크를 구축했다고 밝혔다.

인슈어테크의 발전을 주도하는 핵심 시장참여자에는 스타트업과 보험회사들뿐 아니라 타 산업 분야의 기업들, 정부, 사회단체 등이 포함된다. 하지만 인슈어테크 관련 시장참여자들에 관한 선행연구들은 대부분 인슈어테크 스타트업의 등장에 초점을 두고 있다. 반면에 인슈어테크 발전 과정에서 정부와 다양한 사회기관들의 역할을 논의한 연구는 찾아보기 힘들고 보험산업이 아닌 타 산업의 기업들이 인슈어테크를 통해 보험산업에 진출하는 것과 같은 복잡한 산업 융합 현상에 초점을 둔 연구는 희박한 실정이다.

(4) 보험 설루션

블록체인, 사물인터넷, 빅데이터와 인공지능 등 첨단기술이 보험산업에 도입되면서 고객 맞춤 강화, 운영 효율화, 예방적 서비스 등과 같이 혁신적인 보험 설루션들이 나타났다. Yao and Xu(2019)는 상품 혁신, 마케팅, 사업운영, 고객교육, 컨설팅 등과 같은 보험산업의 다양한 측면에서 보험 설루션이 등장하고 있다고 설명하였다. 또한, Koprivica(2018)은 인슈어테크를 통해서 다양한 보험 설루션들이 등장함에 따라 기존 보험회사들이 직면하는 도전과 기회를 설명한 바 있다. 그는 인슈어테크를 활용한 보험 설루션 개발에 실패하는 기업들은 시장에서 도태될 것이지만 이에 잘 대응하는 회사들은 중요한 기회를 잡을 것이라고 했다. 인슈어테크 기반 보험 설루션들은 거래비용을 줄이고 새로운 시장을 창출하여 더 많은 고객들에게 맞춤형 서비스를 제공하는 데 도움이 되기 때문이다(Koprivica, 2018).

Eling and Lehmann (2018)은 인슈어테크와 관련된 보험 설루션의 변화와 보험회사의 대응을 크게 세 가지 케이스로 분류하였다. 첫째, 신기술이 보험회사들과 고객들 간의 상호작용 방식을 바꾼다. 둘째, 신기술이 비즈니스 프로세스를 자동화하고 표준화해서 효과성과 효율성을 향상한다. 셋째, 신기술이 현재의 상품을 개선하고 새로운 상품을 개발할 기회를 창출한다. 이러한 세 가지 관점에 기반해서 인슈어테크 발전으로 인한 변화를 고객 상호작용, 비즈니스 프로세스, 상품 개발의 세 영역으로 나누어 관찰할 수 있다.

첫 번째, 고객과의 상호작용 방식에서는 이미 상당한 변화가 이루어진 상태다. 보험업계의 세계적인 표준화단체인 ACORD(Association for Cooperative Operations Research and Development)가 세계 130개 대형보험회사를 대상으로 한 조사에 따르면, 웹사이트나 앱 등의 디지털 수단으로 고객이 보험회사에 접속하는 보험회사의 비율은 2015년과 비교해 2020년에는 약 2배로 상승했다(Lerner, 2020). 또한 고객과의 상호작용에 챗봇이 널리 적용되고 있다. 2만 명 이상을 대상으로 설문한 한 조사에서 고객의 42%는 신상품에 대한 조언을 받기 위해 챗봇과 대화하는 것에 동의했다. 하지만 챗봇에게 복잡한 질의를 했을 때 편안하다고 느낀 고객은 15%에 불과했다(Euromonitor International Voice of the Consumer, 2024). 이러한 상황에서 챗봇에 대한 수용성을 높이기 위해 유용성과 사용용이성의 개선이 요구되고 있다(de Andrés-Sánchez & Gené-Albesa, 2024).

두 번째로 보험 비즈니스 프로세스 측면에서는, 가치사슬 전반에 걸쳐 빅데이터, AI 등을 이용함으로써 효율성과 효과성을 높이고 있다. 마케팅 단계에서는 고객 빅데이터와 AI 알고리즘을 기반으로 맞춤 상품을 추천한다(Zhang, 2022). 가입 여부를 심사하는 단계에서는 기존에 축적된 심사결과와 진료 데이터 등을 활용하여 고객의 수명점수를 예측한다(Maier et al, 2020). 또한 보험금 청구와 관련해서는 기존의 의료 청구 데이터를 학습해 고비용 환자를 예측하고(Langenberger et al., 2023), 청구서 상의 텍스트를 분석하여 사전에 보험사기 가능성을 탐지한다(Farbmacher et al., 2022). 한 예로, 미국의 디지털 보험회사인 레모네이드(Lemonade) 사는 빅데이터, 인공지능, 챗봇 기술을 활용해 보험 가입을 90초 안에 완료하고 보험금 청구 건을 자동으로 심사하여 몇 초 안에 보험금을 지급하고 있다(조재욱, 2020).

그러나 한편으로 세계 200개 대형보험회사 중에 자사 프로세스의 디지털화를 달성하고 있는 곳은 25% 미만이며, 10%는 사업 프로세스에 디지털 기술을 적절히 활용하지 못한 것으로 나타났다(ACORD, 2022). 이러한 상황에서 기존 보험회사들은 가치사슬 혁신을 위해 인슈어테크 스타트업과의 협력을 강화할 것으로 보이며, 인슈어테크 스타트업은 보험회사와 직접 경쟁하기보다는 B2B서비스의 일부로 청구관리 등과 같은 문제해결에 집중할 것으로 보인다(KPMG, 2024).

세 번째로 인슈어테크로 인해 상품 개발에서 혁신이 일어나 새로운 유형의 보험상품과 서비스가 등장하였다. 고객들이 온라인상에서 보장 범위, 만기, 부가서비스 등을 직접 선택할 수 있는 온디맨드 보험상품이 그중 하나이다(Zeier Röschmann et al., 2022). 대표적인 사례로, 영국 쿠바(Cuvva) 사는 사물인터넷 기술을 이용해 주행거리에 연동하여 시간 단위로 보험료를 납입하는 자동차 보험상품을 제공한다(IAIS, 2018b). 온디맨드 상품 외에도 블록체인 기술을 활용하는 P2P 보험 설루션이 주목을 받고 있다. P2P 보험은 보험 거래에서 신뢰성과 투명성을 높인다 (Sun et al., 2020; Hasnaoui & Barka, 2024). 또 다른 주목할 사례는 전통적인 사후적 지원에서 사전적 예방 서비스로의 움직임이다. 예를 들어, 미국의 빔 베네핏(Beam Benefits) 사는 칫솔에 장착된 기기를 통해 치아습관을 관리하는 예방 서비스를 제공하고 치아습관 점수에 근거해 보험 갱신 시에 보험료를 할인해 주는 서비스를 제공한다. 중국의 평안보험은 2015년부터 디지털 의료 플랫폼인 평안 굿닥터를 설립하여 온라인 헬스케어와 원격진료사업을 진행해오고 있다(이재원 & 오상진, 2020).

요약하면, 인슈어테크를 활용한 설루션들은 고객 참여를 강화하고 운영을 간소화하고 상품 혁신을 촉진함으로써 보험 산업을 재편하고 있다. 기술이 계속 발전하는 가운데, 보험회사들은 진화하는 시장 환경에서 경쟁력을 유지하기 위해서 이러한 변화에 적응해 나가야 하는 상황이다.

3 | 인슈어테크 흐름을 읽는 방법

〈그림 1〉은 데이터 수집부터 키워드 추출과 분석까지의 주요 절차를 요약함으로써 인슈어테크 트렌드를 어떻게 연구하였는지를 개괄적으로 보여준다. 첫 스텝으로 빅카인즈(BIG KINDS) 데이터베이스 (https://www.bigkinds.or.kr)로부터 인슈어테크와 관련된 언론기사를 수집하고 중복되거나 관련성이 낮은 기사를 제외시켰다. 데이터가 정제된 다음에는 토픽랭크 알고리즘을 적용해 후보 단어 추출, 워드 클러스터링,

랭킹의 절차를 거쳤다. 각 절차에 대해서는 이어서 자세히 설명한다.

| 그림 1 | 인슈어테크 관련 언론기사 분석 과정

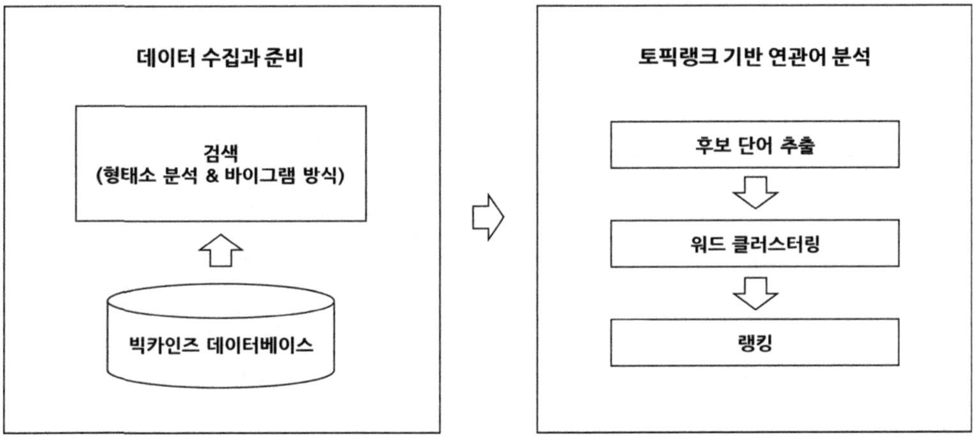

(1) 데이터 수집과 준비

언론 기사는 한국언론진흥재단에서 운영하는 한국 최대의 미디어 리소스 라이브러리인 빅카인즈 데이터베이스에서 수집하였다. "인슈어테크"를 검색어로 2016년부터 2023년까지의 기사를 수집했다. 정확한 검색을 위해 형태소 분석 방식과 바이그램 방식 둘 다를 사용하였다. 유사도가 높아서 중복으로 판단되는 기사는 제외하였다. 인사, 부고, 동정, 포토 등과 같이 단순 정보성 기사도 제외하였다.

〈표 1〉은 2016년부터 2023년까지 한국 언론에 소개된 인슈어테크 관련 기사 개수의 변화를 보여준다. 한국 언론에서 인슈어테크 관련 기사는 2016년에 처음 등장했고 17건밖에 되지 않았다. 2017년에는 세 자릿수로 증가했고, 2019년에는 네 자릿수까지 증가했다. 2019년, 2020년에는 기사의 개수가 1,000건을 넘었고 이후에는 감소하였으나 2022년, 2023년에 500 건대를 유지하며 꾸준히 언론의 관심이 지속되고 있음을 알 수 있다.

| 표 1 | 인슈어테크 관련 한국 언론 기사의 수

년도	2016	2017	2018	2019	2020	2021	2022	2023	계
기사건수	17	148	546	1,163	1,027	700	583	511	4,695

(2) 토픽랭크 기반의 연관어 분석

인슈어테크와 연관성이 높은 키워드를 추출하기 위해서 토픽랭크 알고리즘을 사용하였다. 토픽랭크는 "사용자의 검색어와 관련된 대화형 태그 클라우드를 자동적, 역동적으로 생성하는 워드 클러스터링 기반의 접근방식으로서, 제시된 키워드들의 레이아웃은 의미론적 근접성 측정기준에 의존적이다"(Berlocher et al., 2008, p. 703).

토픽랭크를 활용한 단어 간 연관도 분석은 다음의 절차로 이루어진다. (1) 후보 단어 추출. 검색어(K)와 관련된 문서로부터 키워드(w) 후보들을 뽑고 각각의 키워드와 검색어 간의 연관도 토픽랭크(TR)를 다음과 같이 계산한다:

$$TR(K, w) = (df(K, w)/df(w))^{\alpha} \ (-p(w)\log(p(w)))^{\beta}$$

이 산식에서 df(K,w)는 "w"와 "K"가 함께 나타나는 문서의 수를 의미하고 df(w)는 키워드 "w"가 나타난 문서의 수를 의미하며 p(w)는 키워드 "w"의 출현 가능성을 의미한다. α와 β는 가중치 요소로서 각각 "3", "2"로 설정된다(Berlocher et al., 2008). 산식의 앞부분인 (df(K, w)/df(w))는, "w"가 혼자 나타나는 횟수에 비하여, 키워드 "K"가 주어진 상황에서 "w"가 나타나는 횟수의 비율이다. 뒷부분인 (-p(w)log(p(w)))는 "w"의 엔트로피로 인해 산식의 앞부분에 발생할 수 있는 과대평가 효과를 완화시킨다. (2) 워드 클러스터링. 연관 키워드들에 "Complete Link Clustering" 알고리즘을 이용하여 클러스터들을 형성한다. (3) 랭킹. 앞에서 계산된 토픽랭크를 이용하여 클러스터 내의 키워드들의 순위를 매기고 클러스터 내 키워드들의 평균 토픽랭크로 클러스트의 순위를 매긴다(Berlocher et al., 2008).

위와 같은 방식으로 연관성을 계산해서 2016년부터 2023년까지 각 연도별로 상위

25위까지의 키워드를 도출하였다. 한국의 언론기사에서는 한글과 영문을 병기하여 작성하는 경우가 많다. 예를 들어, (인공지능, AI), (정보기술, ICT), (업무협약, MOU), (사물인터넷, IoT)와 같이 의미가 같은 두 단어가 동일한 기사에 한글과 영문으로 함께 등장한다. 한글과 영문을 혼용한 기사들을 살펴보면, 한글을 적은 후 이에 보완적으로 괄호 표시를 하고 동일한 의미의 영문을 병기하고 있다. 이러한 상황을 고려할 때, 동일 의미의 한글과 영문을 하나로 통일하면 중복하여 카운트되는 문제가 발생한다. 이 문제를 방지하기 위해, 한글과 영문이 병기된 경우에 기사 원문에서 영어로 쓰인 단어를 그대로 유지하는 방식을 택했다. 동일한 의미지만 한글과 영어로 표기된 두 단어를 구분하여 개별적으로 출현한 빈도를 파악했다.

또한 "Insurance", "Technology", "합성어"는 하나의 문장 안에 함께 나타나는 경우가 많다. 인슈어테크라는 단어가 어떻게 생성되었는지를 설명하기 위해서이다. 예를 들어 "인슈어테크는 Insurance와 Technology의 합성어"라고 설명하는 식이다. 이런 특수성을 고려해 영어로 쓰인 "Insurance", "Technology"는 그대로 유지하였다.

4 | 인슈어테크 흐름과 전망

(1) 인슈어테크 발전의 전반적 흐름

〈표 2〉는 2016년부터 2023년까지 각 연도별로 인슈어테크라는 키워드와 연관도 가중치가 높은 상위 25위까지의 키워드를 보여준다. 각 단어의 가중치 값이 높을수록 인슈어테크와 연관성이 높게 등장한 단어임을 의미한다. 〈표 2〉에서 단어별 가중치를 보면, 인슈어테크라는 용어가 등장한 2016년도는 키워드들의 가중치가 전반적으로 낮은 수준이며, 나중으로 갈수록 가중치 값이 크게 증가하고 있음을 알 수 있다. 이는 언론에서 인슈어테크를 언급하는 기사 수가 많아짐에 따라 인슈어테크와 해당 단어와의 연관도가 더 높게 나타나고 있음을 의미한다. 또한 전체 기간에서 "인공지능", "빅

데이터", "블록체인", "사물인터넷"과 같은 기술 관련 키워드들이 10위 내에 지속적으로 포함되어 있는데 이는 인슈어테크가 기술로부터 촉진된 혁신 현상임을 보여준다.

연도별 흐름을 보면, 2016년의 키워드 순위에서는 "토론회(4위)", "보험연구원(6위)", "공동주최(9위)", "정책 지원(10위)" 등의 키워드가 10위 내를 차지하고 있다. 이는 인슈어테크에 관한 사회적 관심이 태동하면서 그 실체를 파악하려는 움직임이 시작되는 당시의 상황을 보여준다. 그 후, 2018년부터는 인슈어테크 관련 주제가 다변화되는 흐름이 포착된다. 2018년에 8위에 "업무협약", 9위에 "MOU", 15위에 스타트업인 "직토", 17위에 독립보험대리점(General Agency, GA)인 "리치앤코", 21위에 빅테크 플랫폼인 카카오의 자회사 "카카오페이"가 랭크되어 다양한 시장참여자들의 움직임을 감지할 수 있다. 또한 11위에 "보험상품", 20위에 "보험서비스"가 랭크되어 보험 설루션에 변화가 시작되고 있음을 알 수 있다.

이와 같이 키워드들을 크게 인슈어테크 기술, 인슈어테크 시장참여자, 보험 설루션으로 나누어 볼 수 있고 이는 앞에서 제시한 인슈어테크 발전에 대한 세 가지 질문과 각각 연결되어 있다. 각 질문별로 분석한 결과는 이하에서 제시한다.

| 표 2 | 인슈어테크 관련 키워드의 연관도 통계

순위	2016		2017		2018		2019		2020		2021		2022		2023	
	키워드	가중치	키워드	가중치	키워드	가중치	키워드	가중치	키워드	가중치	키워드	가중치	키워드	가중치	키워드	가중치
1	제4차 산업혁명	7.92	핀테크	21.55	블록체인	62.83	보험사	112.54	보맵	73.99	DB손해보험	79.6	스타트업	51.32	스타트업	52.21
2	블록체인	7.83	블록체인	19.53	인공지능	49.18	빅데이터	100.74	보험사	71.95	업무협약	62.22	인공지능	49.52	굿리치	40.98
3	보험업계	6.55	보험사	18.19	AI	48.57	인공지능	98.1	AI	62.86	스타트업	54.04	AI	47.73	리치앤코	36
4	토론회	6.21	보험산업	15.75	보험사	47.83	AI	88.83	빅데이터	49.8	보험사	49.14	DB손해보험	36.47	GA	34.64
5	인공지능	4.67	빅데이터	13.08	보험업계	44.5	핀테크	83.78	핀테크	45.67	마이데이터	48.46	차별화	34.64	AI	30.25
6	보험연구원	4.62	국제세미나	12.67	빅데이터	39.31	보험업계	60.33	인공지능	43.2	MOU	45.86	블록체인	31.1	빅데이터	24.69
7	빅데이터	4.2	사물인터넷	12.41	교보생명	37.47	보맵	52.21	헬스케어	38.88	보맵	42.65	디지털보험사	29.51	DB손해보험	24.16
8	미래다	3.81	보험연구원	12.21	업무협약	33.93	블록체인	51.17	보험 서비스	38.71	AI	33.95	고객 경험	29.3	인공지능	23.09
9	공동주최	3.53	인공지능	11.93	MOU	27.56	스타트업	46.19	보험업계	37.49	인공지능	32.64	보험사	22.92	핀테크	20.44
10	정책 지원	3.08	합성어	11.73	보험산업	26.07	DB손해보험	45	보험산업	34.9	GA	27.5	빅데이터	21.96	보험사	18.48
11	고려대 인호 교수	2.4	AI	10.88	보험상품	24.36	보험시장	38.95	신한생명	29.03	핀테크	27.46	핀테크	18.14	IDP 분야	16.72
12	국민공감전략위원장	2.4	건강관리형 보험상품	10.59	Insurance	23.31	IoT	36.64	보험금 청구	28.49	보험산업	25.87	자산관리	17.09	디지털화	16.47
13	국회 미래창조과학 방송통신위원회	2.4	Tech	9.92	DB손해보험	22.92	ICT	36.14	디지털 혁신	28.07	차별화	25.76	지급결제	16.62	KISA	16.36
14	보험설계 방식	2.4	활성화	9.4	핀테크	20.22	보험상품	33.75	교보생명	26.54	보험금 청구	25.36	네이버	13.33	업스테이지	13.36
15	핀테크 서비스	2	정보기술	9.23	직토	20.15	Insurance	29.67	굿리치	25.19	현대해상	23.92	GA	13.08	보험비즈니스	12.63
16	은행권	2	교보생명	7.73	Technology	17.76	합성어	29.04	합성어	24.81	카카오페이	23.19	접근성	12.67	SK텔레콤	12.24
17	새누리당 김성태의원	2	헬스케어	7.55	리치앤코	17.75	보험 서비스	24.49	보험상품	24.36	합성어	22.64	비밀번호	12.67	헬스케어	11.33
18	회의실	1.6	Insurance	7.12	KISA	17.5	디레몬	22.11	DB손해보험	21.35	블록체인	20.67	카카오페이	12.63	스몰티켓	10.91
19	정보기술	1.5	Technology	6.32	보험시장	16.47	업무협약	20.67	카카오페이	21.09	디지털 혁신	19.2	캐롯	12.12	한승표	10.21
20	신기술	1.33	신성장동력	5.76	보험 서비스	16.22	롯데액셀러레이터	20.43	MOU	21.09	보험업계	18.87	보험료	11.52	전문성	10
21	전문가	1	지급결제	5.33	카카오페이	15.75	카카오페이	20.06	정보기술	21.03	ESG	18	보험산업	11.35	해빗팩토리	9.74
22	전통 보험시장	1	선도적 역할	4.8	소비자	15.1	헬스케어	20	롯데손해보험	20.88	일상속 위험	17.65	KT	10.67	연령 고객들	9.6
23	헬스케어	0.89	KT	4.62	디레몬	14.79	교보생명	19.74	류준우	15.79	빅테크	16.45	보험비즈니스	10.24	소비자	9.59
24	생명보험협회	0.8	융합산업	4.5	고객들	12.41	편의성	16.73	신한금융플러스	14.31	신기술	16.34	보맵	9.92	신기술	9.23
25	기회들	0.8	보고서	4.36	금융서비스	11.32	아이디어톤	16.3	현대재산보험	13.61	전략적 투자	15.12	보험금	8.89	난이도	8.67

(2) 인슈어테크 기술의 변화

질문 1은 한국의 인슈어테크 발전 과정에서 어떤 기술이 주목받았는지를 이해하는 것을 목적으로 한다. 〈표 3〉에서 기술과 관련된 키워드가 등장했던 트렌드를 보면, "블록체인"은 2016년과 2017년에 2위, 2018년에 1위에 랭크되어 인슈어테크 초창기에 가장 주목받은 기술임을 알 수 있다. 2016~2017년 기사 내용을 종합해 보면, 블록체인 기술을 보험 심사와 보험금 지급 과정에 도입했을 때 과다 진료나 보험금 중복 청구와 같은 보험 사기를 효과적으로 예방할 수 있을 것으로 전망되었고 보험금 지급을 서류 없이 자동화하여 고객 편의를 증진하는 등 보험산업의 고질적인 문제들을 획기적으로 해소할 수 있다는 기대감이 형성되었던 것을 확인할 수 있다. 또한 블록체인 기반의 스마트계약 방식을 적용하면 P2P보험과 같이 새로운 유형의 상품이 활성화될 것으로 보았다.

그러나 2019년부터는 "인공지능", "빅데이터"가 더 주목받고 블록체인에 대한 관심은 상대적으로 감소한 것으로 나타났다. 이는 블록체인 기술이 스타트업이 제공하는 본인인증과 보험금 청구 간소화 서비스에 적용되는 것 외에는 기대했던 만큼의 효과를 실현하지 못한 측면이 있었기 때문이다. 예를 들어 P2P보험은 펫보험, 생활체육보험 등 제한된 영역에서 공동구매 방식으로 서비스가 이루어지고 있으나 기존의 보험상품을 대체할 만큼의 수요는 만들지 못하고 있다.

"인공지능", "AI", "빅데이터"는 2016년에서 2018년까지는 블록체인 다음으로 주목받았으나 2019년부터 기술 관련 키워드 중 가장 높은 순위를 보이고 있다(예외적으로 2022년에는 "블록체인"이 "빅데이터"보다 순위가 높다). 인공지능은 데이터를 학습하여 추론하는 기술이므로 "빅데이터"와 함께 언급되는 경우가 많다. 인공지능과 빅데이터가 꾸준하게 높은 관심을 유지하는 것은 상품 개발, 상품 추천, 심사 자동화, 유지율 예측, 보험사기 탐지 등 보험산업 가치사슬의 대부분에 적용이 가능하고 가시적인 효과를 보이고 있기 때문으로 분석된다.

또 다른 기술 관련 키워드로, "사물인터넷"은 2017년 7위에 랭크되었다. 이는 동일한 년도에 12위에 랭크된 "건강관리형 보험상품", 17위에 랭크된 "헬스케어"와 관련이 깊다. 웨어러블 기기를 이용해 걸음수, 혈압, 혈당 등을 측정하는 부가서비스를 제공하고 건강증진 결과에 따라 보험료를 할인해 주는 상품이 인슈어테크 초반기에 다수 출시되었다. 2019년에는 "사물인터넷"과 "IoT"가 12위에 랭크되었다. 2019년에 첫 번째 디지털 손해보험사인 캐롯손보가 설립되었고 별도의 사물인터넷 기기를 자동차에 설치해 사용량 기반으로 보험료를 내는 자동차보험을 출시하면서 언론의 주목을 받았다.

| 표 3 | 인슈어테크 기술과 관련된 연관도 통계

년도	2016	2017	2018	2019	2020	2021	2022	2023
순위	블록체인 (2위) 인공지능 (5위) 빅데이터 (7위)	블록체인 (2위) 빅데이터 (5위) 사물인터넷 (7위) 인공지능 (9위) AI (11위)	블록체인 (1위) 인공지능 (2위) AI (3위) 빅데이터 (6위)	빅데이터 (2위) 인공지능 (3위) AI (4위) 블록체인 (8위) IoT (12위)	AI (3위) 빅데이터 (4위) 인공지능 (6위)	AI (8위) 인공지능 (9위) 블록체인 (18위)	인공지능 (2위) AI (3위) 블록체인 (6위) 빅데이터 (10위)	AI (5위) 빅데이터 (6위) 인공지능 (8위)

그러나 이후로는 "사물인터넷" 기술이 순위에 랭크되지 않고 있다. 이는 사물인터넷 기기를 별도로 설치하거나 착용하지 않고도 동일한 효과를 보이는 방식들이 보편화되었기 때문으로 분석된다. 자동차보험의 경우는 대중교통 이용 횟수나 스마트폰 기반의 내비게이션 업체가 제공하는 운전습관점수를 이용하여 보험료를 할인해 준다. 건강증진형 보험의 경우에는 별도의 웨어러블 기기를 착용하지 않아도 스마트폰 앱을 통해 측정된 걸음수로 보험료를 할인해 준다. 한국에서는 사물인터넷이 집, 건물 등의 안전관리에는 많이 적용되고 있으나 이와 관련한 화재, 누수 등에 대한 보험상품 개발은 활성화되지 않은 면이 있다.

앞에서 기술한 바는, 2023년 6월에 보험회사의 CEO를 대상으로 한 설문조사(황인창 & 손재희, 2023)의 결과와도 일관성을 보이고 있다. 70%의 보험회사는 디지털 신기술을 활용하여 새로운 상품이나 서비스 또는 사업모형을 개발한 바 있고 20%의 보험회사는 향후 5년 내 개발 계획을 가지고 있다고 밝혔다. 특히 2020년 이후로 인공지능, 빅데이터의 활용도가 높아졌고 상대적으로 사물인터넷, 블록체인의 활용도는 낮게 나타났다.

이와 같이 인슈어테크 기술에 대한 분석 결과는 인슈어테크에 있어서 기술은 그 자체가 목적이 아니라 비즈니스 문제를 해결하는 수단을 의미한다는 것을 보여준다. 블록체인은 보험산업에 큰 변화를 가져올 것으로 초기에 각광받았으나 잠재력에 비하여 실질적인 비즈니스 케이스의 개발이 지연되어 주목도가 하락하였다. 블록체인을 적용한 서비스의 수용 의도에 대한 연구들(김종필 & 송유진, 2018; 고제욱 외, 2019)은 경제적 효과, 보안성, 가용성이 수용도를 높이는 데에 중요하다고 밝힌 바 있다. 블록체인 서비스는 구현 비용, 기술 복잡성, 거래 속도 등의 문제가 아직 있기 때문에(Wilkie & Smith, 2021) 즉시적인 비즈니스 효과를 기대하기보다는 보험 가치사슬의 각 분야에 대한 여러 실험을 통해 가능성을 탐색하는 것이 필요할 것으로 보인다.

사물인터넷은 스마트폰이 대체수단으로서 사용량, 고객행동을 측정하는 역할을 하면서 주목도가 하락한 경우이다. 사물인터넷 기술의 효용이 떨어진 것이 아니라 오히려 해당 기술이 가진 비즈니스 효용에 집중하였기 때문에 스마트폰이 대체적인 역할을 하게 되었다고 볼 수 있다. 보험 분야에 사물인터넷을 적용하는 대표적인 케이스는 자동차, 헬스 모니터링, 홈 모니터링인데(IAIS, 2018a) 한국에서는 자동차, 헬스 모니터링에 집중되어 있다. 집, 건물의 안전관리에 사물인터넷이 활용되고 있으나 화재, 누수 등에 대한 보험과의 연계는 미흡한 상황이다. 스마트홈 시장은 계속 성장할 것으로 기대되므로(GlobalData, 2022) 이와 관련한 저렴한 보험상품의 개발 등을 통해 고객 효용을 높일 수 있을 것으로 전망된다.

반면 인공지능과 빅데이터의 경우는 기존에 쌓인 고객정보, 거래내역 등의 정형 데이터와 음성 대화 등의 비정형 데이터를 활용하여 상품을 맞춤 추천하고 심사기간을 단축하고 보험사기를 탐지하는 등 실제적으로 문제들을 해결하는 데에 도움이 되면서 가장 주목받는 기술이 되었다. 실제로 한국의 대표적인 보험회사 중 하나인 한화생명은 신계약 가입부터 청약까지 걸리는 시간을 최대 60분에서 5분으로 단축했고(조선일보, 2022), 또 다른 보험회사인 교보생명은 보험금 청구부터 지급까지 평균 0.23일을 달성하고 있다(전자신문, 2023).

기존 연구들(Catlin et al., 2018; Greineder et al., 2020; Cortis et al., 2019)이 밝힌 바와 같이 인공지능은 데이터를 학습하여 패턴을 찾고 추론을 하는 기술이므로 빅데이터, 사물인터넷 등과 결합될 때 시너지 효과가 발생한다. 향후에도 인공지능을 통한 효과를 지속적으로 달성하기 위해서는 새로운 비즈니스 케이스를 개발하는 과정에서 고객의 효용을 높이기 위해 필요한 데이터를 발굴하고 이를 확보하는 방법으로서 사물인터넷 같은 기술을 활용하는 것이 중요할 것이다.

(3) 인슈어테크 시장참여자의 변화

질문 2는, 인슈어테크의 발전을 이끈 핵심 시장참여자들이 한국에서 어떻게 진화해 왔는지를 식별하는 것을 목적으로 한다. 〈표 4〉를 보면, 인슈어테크가 언론에서 언급되기 시작한 2016년은 키워드 중 "제4차 산업혁명"이 1위를 차지했다. 2016년 1월 세계경제포럼에서 "제4차 산업혁명"이 어젠다로 제시되었는데 이를 반영한 결과라 할 수 있다. 당시 세계경제포럼에서는 인공지능, 로보틱스, 사물인터넷, 자율주행, 3D프린팅, 나노기술, 바이오기술, 재료과학, 에너지저장기술, 퀀텀컴퓨팅과 같은 신기술의 발전이 우리가 사는 방식, 일하는 방식, 서로 관계 맺는 방식을 근본적으로 바꾸고 있음을 강조하였다(World Economic Forum, 2016).

그 결과, 한국 사회에도 큰 반향이 일어났는데, 다른 산업 분야와 마찬가지로 보험산업에서도 4차 산업혁명에 대응하기 위한 논의가 시작되었다. 2016년 10위 내에 "토론회", "보험연구원", "공동주최", "정책 지원"이 랭크되어 있고 2017년에도 10위 내에 "국제세미나", "보험연구원"이 랭크되어 있어 국책기관이 인슈어테크 초창기에 토론, 연구를 통한 활성화를 주도하였음을 알 수 있다.

2018년부터는 토론, 연구 관련 키워드가 나타나지 않는다. 2018년에 "업무협약", "MOU"가 각각 8위, 9위에 랭크되었고, 보험 스타트업들이 키워드에 등장하였다. 15위 "직토", 23위 "디레몬"은 초창기 대표적인 스타트업들이다. 이는 보험업계에서 새로운 참여자들이 나타나 기존 보험회사들과 협업하면서 인슈어테크 생태계를 본격적으로 형성하기 시작하였음을 보여준다(김은석 & 김영준, 2019). 그 이후로 "보맵"이 2019년에 7위, 2020년에 1위, 2021년에 7위에 랭크되며 스타트업 붐을 이끌었다. "스타트업"은 2019년에는 9위, 2021년에는 3위, 2022년과 2023년에는 1위에 랭크되어 계속 순위가 상승하는 모습을 보여준다.

❙ 표 4 ❙ 인슈어테크 시장참여자와 관련된 연관도 통계

년도	2016	2017	2018	2019	2020	2021	2022	2023
순위	제4차 산업혁명 (1위) 토론회 (4위) 보험연구원 (6위) 공동주최 (9위) 정책 지원 (10위)	국제세미나 (6위) 보험연구원 (8위)	업무협약 (8위) MOU (9위) 직토 (15위) 리치앤코 (17위) 카카오페이 (21위) 디레몬 (23위)	보맵 (7위) 스타트업 (9위) 디레몬 (18위) 업무협약 (19위) 카카오페이 (21위)	보맵 (1위) 굿리치 (15위) 카카오페이 (19위) MOU (20위)	업무협약 (2위) 스타트업 (3위) MOU (6위) 보맵 (7위) GA (10위) 카카오페이 (16위)	스타트업 (1위) 네이버 (14위) GA (15위) 카카오페이 (18위) 보맵 (24위)	스타트업 (1위) 굿리치 (2위) 리치앤코 (3위) GA (4위)

이렇듯 스타트업이 활성화된 것에는 한국 정부가 2019년 4월에 시행한 금융규제 샌드박스 제도의 도움이 크게 작용했다고 분석된다. 이 제도는 기존의 규제에서는 허용하지 않는 서비스를 임시로 허용하여 스타트업이 시장에서 테스트해 볼 수 있게 하거나, 스타트업이 금융회사의 본질적 업무를 수탁받아 시범운영하게 하거나, 반대로 스타트업이 개발한 서비스를 금융회사에 위탁하여 서비스하게 한 것이다(한국핀테크지원센터, 2024). 금융규제 샌드박스에 선정된 스타트업들은 그전보다 평균적으로 2배 이상의 투자금액을 유치하였다(구자현 & 최승필, 2020).

한편으로 주목할 참여자는 보험중개를 전문적으로 하는 독립보험대리점(GA)이다. 2018년에 인슈어테크 연관 키워드로 GA 관련 키워드가 처음으로 등장했다. 대표적 GA인 “리치앤코”가 2018년에 17위에 랭크된 것이다. 이는 당시 리치앤코가 “굿리치” 라는 보험 앱을 출시하고 언론을 통해 홍보를 많이 한 효과도 반영되었다. 이렇게 GA가 인슈어테크 시장으로 진입한 이후로 “GA”가 2021년에는 10위에 랭크되었고 2022년에는 15위로 다소 하향하긴 했으나 2023년에는 4위로 상승하였다. 이미 대면 영업에서 마켓플레이스 역할을 수행하던 GA가 디지털 환경으로의 변화에 대응하여 고객들이 앱에서 여러 보험회사의 보험상품들을 직접 비교할 수 있게 했기 때문이다. 2023년 2위에 “굿리치”, 3위에 “리치앤코”가 랭크된 것은 2023년 7월에 리치앤코가 사명을 자사 서비스명인 “굿리치”로 교체한 효과가 반영되어 있다.

보험에 특화된 스타트업, GA 뿐 아니라 다른 영역의 플레이어도 인슈어테크에 참여하여 생태계를 다변화하였다. 한국의 대표적 빅테크 플랫폼인 카카오의 자회사인 카카오페이는 2019년에 보험중개회사를 인수하고 2022년에 손해보험회사를 출범했다. “카카오페이”는 2018년, 2019년에 21위에 랭크되었고 2020년에 19위, 2021년에 15위로 순위가 상승하였다. 또 다른 대표적 빅테크 플랫폼 기업인 네이버는 2020년 보험중개회사를 설립하였고 “네이버”는 2022년에 14위를 랭크했다. 2020년 8월에는 데이터 3 법(개인정보보호법, 정보통신망법, 신용정보법) 개정으로 개인의 동의 하에 여러 금융회사에 흩어져 있는 금융정보를 통합조회할 수 있게 하는 마이데이터 제도가 도입되어 카카오와 네이버는 각각의 생활 플랫폼에 보험을 포함한 금융정보 통합조회 서비스를 제공할 수 있게 되었다.

그러나 보험회사나 GA 외의 플랫폼 상에서 보험상품 비교/추천을 통한 보험 가입은 2021년 시행된 금융소비자보호법에 의해 금지되어 수익화에는 한계가 있었다. 하지만 플랫폼 보험상품 비교/추천 서비스가 금융규제 샌드박스 제도를 통해 2024년 1월부터 다시 허용됨에 따라 자동차보험부터 비교/추천 가입이 가능하게 되었다. 이는 산업 간 경계가 흐릿해지는 현상을 잘 보여준다고 할 수 있다. 마이데이터 수용도와 관련한 소비자 조사 결과에 따르면, 마이데이터 이용 의향이 있는 응답자 중 77.7%가

플랫폼 기업 등 비금융권에서 제공하는 마이데이터 서비스를 이용할 의향이 있었다(비자 코리아, 2021).

인슈어테크 시장참여자에 대한 분석 결과는 인슈어테크의 발전에서와 같이 새로운 분야를 개척하고 시장을 형성하는 과정에는 정부의 시의적인 관여와 시장참여자의 다변화가 큰 역할을 할 수 있다는 것을 보여준다. 먼저 정부는 인슈어테크에 대한 토론의 장을 마련하여 초기 시장 형성에 기여했다. 인슈어테크에 대한 사회적 인식이 부족한 상황에서 사회적인 관심을 끌어내는 역할을 한 것이다. 또한 정부와 공공기관들은 관련 연구를 수행했고 정책적으로 지원했다.

금융회사와 관련한 한국의 법 체계는 은행산업을 규제하는 은행법, 보험산업을 규제하는 보험법, 금융투자산업을 규제하는 금융투자업법과 같이 금융권역별로 발달하면서 사일로(Silo)화된 상태였다. 한국 정부는 금융규제 샌드박스 제도, 마이데이터 제도를 새로 도입하여 금융권역 간의 경계를 허물었고 스타트업, 플랫폼 회사가 금융서비스를 출시할 수 있도록 도왔다. 이러한 활동들은 인슈어테크와 같은 새로운 기술 혁신에 대한 불확실성을 줄이고 사회적 신뢰를 강화함으로써 사회적 수용도를 높이는 데 기여한다(Siegrist, 2000).

정부의 이러한 노력은 인슈어테크 시장참여자의 다변화로 이어졌다. 한국의 인슈어테크 발전 과정을 보면 시장참여자의 유형이 확대되는 트렌드를 목격할 수 있다. 초기 단계에서는 인슈어테크에 기반한 혁신적인 스타트업들이 등장했고, 보험 중개에 특화된 독립보험대리점(GA)이 이어서 온라인 마켓플레이스에서 활약하는 모습이 나타났다. 한국의 인슈어테크 시장에서 특기할 점은, 보험사업을 하지 않던 카카오, 네이버와 같은 빅테크 플랫폼이 보험산업에 진출해서 산업 간 융합을 보여주었다는 것이다. 이러한 시장참여자의 다변화와 산업의 발전은 금융규제 샌드박스, 마이데이터 제도와 같은 정부의 정책 설계가 있어 가능할 수 있었다.

기술을 활용하는 소비자, 투자자, 기업이 많아질수록 이와 관련된 시장이 확대되고 기술의 확산이 빨라진다(Wüstenhagen et al., 2007). 한국의 인슈어테크 시장은 이런 경향을 보여주고 있다. 한국에서 보험회사의 인슈어테크 스타트업에 대한 직접 투자는 2018년 107억 원에서 2022년 2,658억 원으로 폭증했으며(보험신보, 2024), 2023년에 보험회사의 53%는 인슈어테크 스타트업, 빅테크 등과 협력하여 디지털 전환을 추진하고 있는 것으로 나타났다(황인창 & 손재희, 2023). 이러한 수치는 새로운 참여자가 인슈어테크 시장에 유입됨으로써 산업 생태계가 조성되고 관련 시장이 발전한다는 것을 보여준다.

(4) 보험 설루션의 변화

질문 3은, 어떤 설루션이 개발되었고 이를 통해 어떤 가치가 창출되었는지를 파악하는 것을 목적으로 한다. 〈표 5〉는 인슈어테크에 대한 사회적 인식의 변화를 살펴보고 이러한 인식의 변화 양상 하에서 보험 설루션의 변화를 설명한다. 2017년에는 "Tech", "정보기술"이 각각 13위, 15위에 랭크되었으나, 2020년에는 "정보기술"이 21위로 순위가 하락했고, 2021년, 2023년에 "신기술"이 24위에 랭크되어, 기술 자체를 표현하는 키워드는 점차 순위가 내려가는 추이를 보인다. 반면에 2020년 "디지털 혁신"이 13위, 2021년 "차별화"가 13위, 2022년 "차별화"가 5위, "고객경험"이 8위에 랭크되어 고객 가치 창출 관련한 키워드가 점점 더 주목받고 있음을 알 수 있다.

즉 기술 자체보다는 기술을 활용하여 어떤 설루션과 고객가치를 창출하였는가 하는 방향으로 인슈어테크에 대한 인식이 바뀌어 왔다고 분석된다. 이러한 변화는 2020년에 시작된 코로나 19 팬데믹에 따라 보험업계의 디지털 전환이 가속화된 것과 관련된다고 볼 수 있다(Volosovych et al., 2021; Pauch & Bera, 2022).

| 표 5 | 보험 설루션과 관련된 연관도 통계

년도	2016	2017	2018	2019	2020	2021	2022	2023
순위	정보기술 (19위) 신기술 (20위) 헬스케어 (23위)	건강관리형 보험상품 (12위) Tech (13위) 정보기술 (15위) 헬스케어 (17위) Technology (19위)	보험상품 (11위) Technology (16위) 보험 서비스 (20위)	ICT (13위) 보험상품 (14위) 보험 서비스 (17위) 헬스케어 (22위) 편의성 (24위)	헬스케어 (7위) 보험 서비스 (8위) 보험금 청구 (12위) 디지털 혁신 (13위) 보험상품 (17위) 정보기술 (21위)	차별화 (13위) 보험금 청구 (14위) 신기술 (24위)	차별화 (5위) 고객경험 (8위) 자산관리 (12위) 지급결제 (13위) 접근성 (16위)	헬스케어 (17위) 신기술 (24위)

이러한 사회적 인식의 변화 트렌드 하에서 인슈어테크를 적용한 설루션은 먼저 보험상품에서 나타났고 점차 서비스 중심으로 변화하는 양상을 보여준다. 2017년에 "건강관리형 보험상품"이 12위에 랭크되었고 "보험상품"은 2018년에 11위, 2019년에 14위, 2020년에 17위로 순위가 하락하였다. 반면에, "보험서비스"는 2018년에 20위, 2019년에 17위, 2020년에 8위로 순위가 상승하고 있다. 이는 인슈어테크 초창기에는 신상품의 개발에 초점이 있었으나 점차 기술을 이용하여 보험서비스의 편의성, 접근성을 높이는 방향으로 발전하였음을 보여주는 결과다. 2019년에 "편의성"이 24위, 2022년에 "접근성"이 16위에 랭크된 것도 이를 뒷받침한다.

또한 2020년부터 보험서비스는 구체적인 서비스 유형으로 분화되어 키워드로 나타나고 있다. 고객들이 많은 불편을 느껴왔던 대표적인 보험서비스인 "보험금 청구"가 2020년에는 12위에, 2021년에는 14위에 랭크되었다. 실제로 한국에서는 다수의 스타트업과 보험회사가 간편 청구 서비스를 출시하였다. 2022년에 실시된 보험 소비자 행태 조사 결과에 따르면, 조사대상의 56.1%는 앱 또는 웹페이지를 이용해 간편하게 보험금을 청구하는 것으로 나타났다(보험연구원, 2022).

2022년부터는 새로운 양상이 나타난다. 2022년에 "자산관리"가 12위, "지급결제"가 13위에 랭크되었다. 자산관리는 은행과 증권이 강점을 가진 분야이다. 그러나 마이데이터 제도 시행으로 보험회사도 고객의 동의 하에 고객이 타 금융권역에 가입한 금융정보를 통합조회할 수 있게 되면서 자산관리 서비스를 강화하고 있다. 이는 전통적으로 보험상품의 판매에 주력해 온 보험회사들의 서비스가 다양화되고 있음을 의미한다. 또한 "지급결제"는 보험회사가 한국 정부에 지속적으로 허용을 요구해 온 서비스이다. 한국에서는 은행, 증권사의 반대로 아직은 보험회사, 카드회사에 지급결제 서비스가 허용되지 않은 상태이나 정부는 지급결제 서비스를 확대할 방침을 가지고 있고 사회적 논의가 계속되고 있다(보험연구원, 2023a).

이와 같이 특정 금융권역에 집중되어 있던 서비스가 제도적, 기술적으로 다른 금융권역으로 확장되면서 경쟁이 촉진되어 결과적으로 고객이 더 나은 서비스를 받을 것으로 보인다. 마이데이터 서비스의 경우에 김진유 외(2022)는 고객이 마이데이터 서비스에 만족할 때 해당 서비스를 제공하는 금융회사를 계속 사용할 의도가 높아진다는 것을 밝혔다.

인슈어테크 도입으로 보험회사가 치료를 위한 경제적 지원 중심에서 평소 건강한 삶을 유지하는 헬스케어로 사업을 확장하려는 흐름도 포착된다. "헬스케어"는 2016년 23위, 2017년 17위에 랭크되어 그러한 가능성에 대해 주목을 받았다. 특히 코로나19가 발발한 2020년에는 건강에 대한 관심도가 높아지면서 "헬스케어"가 7위까지 수직 상승하였다. 그러나 2023년에는 17위로 순위가 하락하였다. 이는 2020년 8월에 시행된 마이데이터 제도의 데이터 범위에 의료정보가 포함되지 않은 영향인 것으로 추측된다(양기진, 2022). 2025년에는 마이데이터 범위에 의료정보가 포함될 예정에 있어(개인정보보호위원회, 2024) 향후 보험회사의 헬스케어 서비스가 점차 활성화될 것으로 기대된다.

보험 설루션에 대한 분석 결과를 통해, 보험산업이 포화상태인 상황에서 기술을 활용한 신상품 개발에 앞서 보험서비스의 개선과 확장이 전체 고객의 효용에 직접적인 영향을 미친다는 점을 알 수 있다. 신기술의 등장으로 운전자습관보험, 건강증진형 보험, P2P보험 등이 개발되었다. 이러한 상품은 기존 보험에 특약의 형태로 추가되거나 공동구매라는 새로운 구매방식을 추가하였다. 그러나 일부 상품 영역에 국한되어

산업 전체 효용을 높이는 데에는 한계가 있다. 많은 인슈어테크 스타트업들은 대부분의 고객들이 겪는 불편한 서비스에 주목했다. 보험금 청구가 대표적이다. 2022년 보험소비자 행태 조사 결과에 따르면, 조사대상의 74.2%는 보험금 청구와 지급 과정에서 편리성과 신속성을 가장 중요한 요소라고 답한 바 있다(보험연구원, 2022). 또한 보험회사는 보험상품 개발과 판매라는 한정된 역할에서 벗어나 고객 데이터를 중심으로 한 자산관리, 헬스케어로 서비스를 확장하면서 고객의 라이프사이클에 따른 종합적인 서비스 회사로 변모하고 있다.

이러한 변화는 한국과 같이 보험 가입율이 90% 후반대를 보일만큼 보험시장이 포화된 상황에서 두 가지 함의를 보여준다고 할 수 있다. 첫 번째는, 신상품의 공급뿐 아니라 고객이 보험회사와의 상호작용에서 겪는 경험에 초점을 두는 것이다. 인슈어테크 기술을 이용하면 고객의 접근성을 높이고 보험 가입과 보험금 지급 과정에서의 불편을 크게 줄일 수 있다. 보험에 대한 부정적 경험은 보험회사 및 보험상품에 대한 신뢰를 저해한다(Guiso, 2012). 반면에 보험금 청구 등과 같이 보험을 이용하는 과정에 만족한 고객은 보험회사 및 보험상품에 대한 신뢰도가 높아지므로(성영애 외, 2023) 추천이나 재구매 가능성이 높아질 것이다.

두 번째는, 고령화와 같은 인구구조 변화에 따른 고객 니즈에 대응하는 것이다. 노년층은 질병 발생이 증가하고 노후소득 확보가 필요하다. 한국은 2024년 12월에 65세 이상 인구가 20%를 초과하여 초고령사회로 진입했다. 이런 맥락에서 "헬스케어"와 "자산관리" 키워드의 순위가 올라가는 것이 설명될 수 있을 것이다. 건강 데이터, 의료 데이터를 이용하여 보험회사들은 고객의 건강 상황에 맞는 상품을 추천하고 건강증진을 위한 맞춤 콘텐츠를 제공할 수 있으며 타 금융권과의 데이터 공유를 확대하여 자산관리 컨설팅을 확대해 나갈 수 있을 것이다.

5 | 핵심으로 보는 인슈어테크 트렌드

1장에서 제시한 인슈어테크 발전에 대한 세 가지 질문에 답하기 위해 2장에서 선행 연구들을 고찰하였고 3장에서 트렌드 분석 방법을 제시한 후에 4장에서 세부적인 분석 결과를 설명하였다. 분석 과정을 다시 짚어보면, 한국을 대상으로 2016년부터 2023년까지의 인슈어테크 관련 언론기사를 수집하였고 토픽랭크 알고리즘 기반의 연관어 분석을 수행해 연도별로 인슈어테크와 연관성이 높은 상위 25개의 키워드들을 도출하였다. 이러한 키워드들은 한국에서 인슈어테크가 어떻게 태동하기 시작했는지와 시간의 흐름에 따른 주요 발전 트렌드를 보여주었다. 세가지 질문별로 분석 결과를 요약하면 다음과 같다.

질문 1은 한국의 인슈어테크 발전 과정에서 어떤 기술이 주목을 받았는지에 초점을 둔다. 한국 시장에서 인슈어테크 관련 기술들의 흐름을 보면, 블록체인, 사물인터넷이 초기에 주목을 받았지만 이후에는 오히려 인공지능, 빅데이터가 더욱 중요한 기술로 자리 잡은 것으로 나타났다. 블록체인과 사물인터넷 기술은 초기에는 보험산업에 큰 변화를 가져올 것으로 기대를 받았으나 실질적인 비즈니스 케이스의 개발이 지연되거나 대안적인 방법이 적용됨에 따라 관련 주목도가 하락하였다. 반면에 인공지능과 빅데이터의 경우는 기존에 쌓인 고객정보, 거래내역 등 정형 데이터와 음성 대화 등의 비정형 데이터를 활용하여 상품을 맞춤 추천하고 심사기간을 단축하고 보험사기를 탐지하는 등 실제적으로 문제들을 해결하는 데에 도움이 되면서 가장 주목받는 기술로 부상하게 되었다. 이처럼 인슈어테크의 발전에서 기술 관점에서 중요한 것은 해당 기술이 보험 가치사슬 내에서 어떤 문제해결에 기여하여 부가가치를 창출할 수 있는지이다.

질문 2는 한국의 인슈어테크를 견인한 핵심 시장참여자가 누구인지를 탐색한다. 한국의 인슈어테크 발전 과정에서 등장했던 시장참여자들의 트렌드를 보면, 초기에는 정부기관과 연구기관들이 세미나, 토론회와 같은 논의의 장을 마련하여 인슈어테크에 대한 사회적 이목을 끄는 데에 기여하였음을 알 수 있었다. 그러면서 시장에 인슈어테크 기반의 혁신적인 스타트업들이 등장하였고, 보험중개를 전문적으로 하는 독립보험대리점(GA)들이 온라인 마켓플레이스에 강점을 보이면서 인슈어테크 시장참여자가 다변화되는 양상을 보였다. 특히 한국의 인슈어테크 발전 과정에서 특징적인 부분은 보험 외의 사업자였던 한국의 대표적 빅테크 플랫폼 기업들(카카오, 네이버)이 보험산업에 진출하면서 사업을 다각화하였다는 것이다. 그리고 이렇듯 보험산업이 타 산업과 융합되는 변화 과정에는 정부가 시장에 개입하는 방식(제도 설계)이 큰 영향력을 발휘했던 것으로 보인다. 가령, 관련 시장 활성화를 위해 한국 정부가 채택하였던 금융규제 샌드박스 제도는 보험서비스를 제공하는 다양한 스타트업이 탄생할 수 있도록 하는 제도적 기반이 되었다. 또한 소비자의 동의 하에 기업 간 고객의 개인정보를 공유할 수 있도록 한 마이데이터 제도는 시장참여자들의 사업 영역 확장에 영향력을 끼쳤던 것으로 보인다. 이와 같이 기술이 사회적으로 수용되기 위해서는 정부가 시의적으로 관여하여 사회적 신뢰를 얻고 이러한 바탕에서 시장 참여자가 다변화되는 과정이 중요하다고 보인다.

질문 3은 인슈어테크 기술을 이용하여 어떤 보험 설루션이 개발되었고 어떤 가치가 창출되었는지를 밝힌다. 인슈어테크 관련 보험 설루션들의 변화 양상을 보면, 초창기에는 인슈어테크 관련 신규 상품이 주요 관심 대상이었으나 시간이 흐르면서 점차 기존 보험서비스의 접근성이나 편의성을 높이는 방향으로 변화했음을 알 수 있었다. 그리고 최근에는 보험 외 타 금융서비스 중에 자산관리, 지급결제 서비스가 인슈어테크와 관련성 높은 서비스로 분석되었으며, “헬스케어”와 같이 보험서비스의 접근방식을 획기적으로 바꾸는 새로운 개념이 등장하기에 이른 것으로 나타났다. 즉, 기존의 보험이 치료를 위한 비용을 지원하는 데에 주로 목적을 두었다면 인슈어테크의 발전과 함께 평소의 건강한 삶을 유지하는 헬스케어 서비스로 보험 사업이 확장되는 흐름을 보여주고 있다. 이와 같이 인슈어테크는 보험 고객들의 서비스 경험을 개선하고 기존의 보험상품 외 새로운 서비스 분야로 확대해 나가는 중요한 동력으로 작용할 수 있다.

6 | 인슈어테크 트렌드 분석의 의미

이론적 관점에서 이 책의 연구는 한국의 인슈어테크 발전 과정을 기술의 변화, 주요한 시장참여자의 변화, 새로운 보험 설루션의 등장 흐름을 중심으로 살펴보고, 기존 연구들이 충분히 설명하지 못하였던 인슈어테크 발전의 복잡하고 동태적인 상황들을 보여주었다. 특히 핵심 시장참여자의 변화를 분석한 내용을 보면 한국의 경우 인슈어테크 태동기에 정부가 사회적 논의를 주도하고 또 제도적인 뒷받침을 통해 산업 발전을 이끄는 역할을 했음을 알 수 있었다. 또한, 보험중개를 전문적으로 하는 독립보험대리점(GA)들이 온라인 마켓플레이스에서 적극적으로 사업을 펼치고 기존에는 보험산업에 참여하지 않았던 플랫폼 기업들이 시장참여자로 등장하는 양상을 보여주었다. 기존 연구들은 인슈어테크 산업의 발전 과정에서 시장참여자의 다변화가 나타난다고 설명한 바 있으나, 주로 인슈어테크 기반의 스타트업들에 초점을 둔 논의에 머물러 있다. 반면 본 연구에서는 인슈어테크의 발전 시기별로 주요한 시장참여자가 변화되는 양상을 보여주고 특히 정부의 역할과 타 산업군으로부터의 참여자 유입을 강조함으로써 인슈어테크 산업 생태계를 이해하는 데 기여하고 있다.

이 책의 연구는 연구방법의 측면에서도 관련 연구의 발전에 기여하고 있다. 인슈어테크가 등장한 초기부터 8년에 걸쳐 언론기사 전체를 수집하여 분석함으로써 일부 제한된 표본을 추출하여 분석할 경우에 나타날 수 있는 편향성의 위험을 최소화하였다. 또한 과학적 기법인 텍스트마이닝 분석 방식을 채택함으로써 정성적 자료 분석 과정에서 개입될 수 있는 주관성을 최대한 배제했다. 언론기사는 특정한 주제에 대한 사회적 관심도를 반영하고 시간의 흐름에 따른 관심도의 변화를 포착한다는 점에서 트렌드 파악과 변화 포인트를 식별하는 데에 유용하다.

이 연구의 내용은 보험 관련 실무자들에게도 시사점을 제공한다. 실무적 측면에서 가장 큰 시사점은 기술 선택의 중요성에 대한 것이다. 한국에서 인슈어테크의 발전 과정을 보면 초기에는 블록체인과 사물인터넷 기술이 주목받았으나 이들 기술의 경우

비즈니스에 적용하여 문제를 해결하고 부가가치를 창출하는 측면에서는 활용도가 낮았다. 이는 인슈어테크 기술 도입 시 단순히 유행하는 기술을 따라가는 것이 아니라 실질적인 문제 해결과 고객 효용 증대에 집중해야 한다는 시사점을 제공한다.

정책적 관점에서 본 연구는 인슈어테크의 발전에서 제도적인 뒷받침이 중요하다는 점을 보여준다. 한국 정부는 금융규제 샌드박스나 마이데이터 제도와 같은 제도 개선을 추진하였으며 그 결과로 인슈어테크 시장의 활성화를 이끌 수 있었다. 한국의 사례를 참고할 때, 인슈어테크 시장의 성장을 촉진하기 위해서는 시의적절하고 유연한 제도 개선이 중요할 것이다.

제2장 / 보험회사의 디지털 혁신 전략

1 | 인슈어테크 혁신 전략 분석의 방향

보험산업은 높은 진입장벽과 상품 설계의 복잡성으로 인해 보수적이며 변화가 느린 산업으로 인식되어 왔다(Puschmann, 2017; Yan et al., 2018). 그러나 인공지능, 빅데이터, 블록체인, 사물인터넷과 같은 첨단 기술의 발전으로 인해 보험산업에 전례없는 변화가 나타나고 있다. 인슈어테크(InsurTech)는 이러한 변화를 지칭하는 용어로서, 보험(Insurance)과 기술(Technology)의 합성어이다(Marano & Noussia, 2020). 인슈어테크는 보험산업 가치사슬(value chain) 전반에 첨단 기술을 접목하여 상품 및 서비스의 품질을 개선하는 디지털 혁신 활동을 의미한다(Gómez & Pineda, 2023).

인슈어테크에 대한 전 세계적인 관심은 2015년 전후로 크게 증가하였다(보험연구원, 2019; Greineder et al., 2020). 2010년대 이후 미국 보험시장을 중심으로 인슈어테크 스타트업들이 등장하기 시작하였고, 2015년에는 인슈어테크 엑셀러레이터인 "스타트업 부트캠프 인슈어테크(Startupbootcamp InsureTech)"가 설립되기에 이르렀다. 인슈어테크 스타트업들은 기존 보험회사들과의 차별화를 통해 보험산업 전반의 혁신을 주도하였다. 이들은 첨단기술을 활용하여 고객 맞춤형 상품을 제공하고 고객과의 소통과 관계를 향상하는 성과를 거두었다(Sosa & Montes, 2022). 그러한 인슈어테크 스타트업의 성공으로 인해 디지털화에 있어 소극적인 태도를 취해왔던 기존의 전통적인 보험회사들까지도 인슈어테크에 관심을 기울이기 시작하였다(Catlin

& Lorenz, 2017; Puschmann, 2017; Yan et al., 2018).

인슈어테크에 관한 기존 사례 연구들은 주로 보험시장에 새로 등장한 혁신적인 스타트업에 관한 연구가 대부분이다. 주요 연구를 보면, 인슈어테크를 선도하는 혁신 기업으로 미국의 "커버 파이낸셜(Cover Financial)"을 소개한 연구(김성후, 한낙현, 2022), 미국 온라인 보험회사인 "레모네이드(Lemonade)"에 관한 사례 연구(Accenture, 2018; 김유미, 2018; 조재욱, 2020), 독일 "클락(Clark)" 사의 앱을 활용한 보험상품 추천 서비스에 관한 연구(조영현, 이혜은, 2018) 등이 있다. 이처럼 선행연구들은 주로 스타트업의 인슈어테크 활용 사례에 초점을 두고 있다. 반면 기존의 전통적인 보험회사들이 어떻게 인슈어테크를 채택하여 비즈니스를 혁신하고 있는지에 관한 사례 연구는 상대적으로 드물다. 기존 보험회사의 인슈어테크 도입 사례에 관한 거의 유일한 연구로서 중국 평안보험에 관한 사례 연구가 있을 뿐이다(이재원, 오상진, 2020).

이러한 상황 속에서 글로벌 보험회사의 한국 법인으로 1987년 설립된 라이나생명의 사례는 주목할 만하다. 라이나생명은 약 3,000명 규모의 텔레마케팅 조직을 보유하고 있을 만큼 큰 조직을 가진 회사로서, 무진단 무심사 보험, 치아 보험, 고령자 전용 암보험과 같은 다양한 신상품을 업계 최초로 출시하며 국내 보험시장을 선도해 온 기업이다(라이나생명, 2023). 이러한 라이나생명은 인슈어테크의 도입 및 활용에서도 발 빠르게 대응하였다. 라이나생명은 국내 보험회사 중 최초로 2016년 챗봇 서비스를 출시하였고 2017년에는 로보틱 프로세스 자동화(Robotic Process Automation, RPA)를 도입하였다. 2020년에는 국내 보험회사 중 처음으로 고객 음성데이터에 인공지능 기술을 적용해 고객에 대한 이해도를 높이고 텔레마케터의 업무를 보조하는 "인공지능 비서"를 구현하기도 했다. 또한 소비자 보호를 위해 인공지능 기반의 통신판매 모니터링 시스템을 구축했다. 그 결과 2023년 현재 기준으로 라이나생명은 영업 실적뿐 아니라 소비자 보호 지표 순위에서도 업계 선두를 유지하고 있다(공현철, 2023; 라이나생명, 2023).

라이나생명 사례는 기존 보험회사가 어떻게 인슈어테크를 성공적으로 활용하여 성과를 거둘 수 있는지를 보여주는 사례다. 기존 연구들이 주로 보험 가치사슬 중 특정한 분야에 한정된 인슈어테크 혁신을 이룬 스타트업에 관한 연구에 초점을 두고 있는 상황에서 라이나생명과 같은 전통적인 보험회사가 인슈어테크를 어떻게 성공적으로 도입하여 활용하였는지를 살펴보는 것은 기존 연구의 한계를 보완하는 데 이바지할 수 있다. 이에 본 연구는 라이나생명이 인슈어테크를 도입하고 성과를 거둔 일련의 과정과 그 내용을 대상으로 한 심층 사례 분석을 수행한다.

사례 분석의 시간적 범위는 라이나생명이 본격적으로 인슈어테크 도입을 선포하고 혁신을 실천하였던 2016년부터 2022년까지이다. 또한 사례의 내용을 체계화하기 위한 분석틀로는 기업의 혁신 성과를 이끄는 과정과 주요 영향요인들을 통합적이고 체계적으로 이해하는 데 유용한 SER-M 프레임워크를 활용한다(조동성, 2014). SER-M 프레임워크는 기업의 혁신 전략이 성과로 나타나기 위해서는 주체(Subject), 환경(Environment), 자원(Resource)의 측면을 통합적으로 이해해야 하며 특히 기업의 경영 원리라 할 수 있는 메커니즘(Mechanism)의 작동이 중요함을 강조한다(조동성, 2014; 허경구 & 김주남, 2017). 라이나생명과 같은 전통적 보험회사가 어떻게 인슈어테크라는 혁신을 채택하고 실천하였는지를 이해하기 위해서는 SER-M 프레임워크와 같은 통합적이고 전체적인 관점을 적용할 필요가 있다.

이에 본 연구는 SER-M 프레임워크를 적용하여 주체, 환경, 자원의 측면에서 어떠한 요인들이 라이나생명의 인슈어테크 채택에 영향을 주었는지, 또 그 과정에서 어떤 경영 메커니즘이 작동하였는지를 분석한다. 선행연구들이 주로 작은 규모의 스타트업 중심의 인슈어테크 사례에 집중하고 있는 상황에서 본 연구는 라이나생명이라는 전통적인 보험회사가 어떻게 인슈어테크를 도입하고 활용하여 보험 가치사슬 전반의 변화를 도모하였는지를 분석한다는 점에서 기존 연구들과 차별화된다. 나아가 인슈어테크 혁신 전략에 관심을 둔 여타 보험회사들에 통찰을 제공함으로써 관련 기업과 산업의 발전에도 기여할 수 있다.

2 인슈어테크 혁신의 학술적 토대

(1) 인슈어테크의 개념

인슈어테크는 보험(Insurance)과 기술(Technology)의 합성어로 새로운 정보기술과 보험이 융합된 개념이다(Marano & Noussia, 2020). 인슈어테크에 대해서는 학자마다 다양하게 정의하고 있다. Stoeckli et al.(2018)은 보험산업에 특정된 설루션을 고객에게 제공하기 위해 전통적 또는 비전통적인 시장참여자들이 정보기술을 이용하여 혁신하는 것을 인슈어테크로 정의했다. Marano(2019)는 보험산업에서 새롭게 등장한 기술에 기반한 혁신이 바로 인슈어테크라고 정의했다. Cao et al.(2020)은 빅데이터, 블록체인, 인공지능과 같은 새로운 기술들을 보험상품의 설계, 보험료 책정, 마케팅, 보험금 청구에 적용하는 것이 인슈어테크라고 설명하였다. Che et al.(2022)은 인슈어테크가 보험 가치사슬 전반에 걸쳐 비용 절감과 효율성을 증진하는 기술적 혁신이라고 정의하였다.

다양한 개념 정의를 종합하는 연구로서, Gómez & Pineda(2023)는 주요 학술지의 111개 논문으로부터 인슈어테크에 대한 17개의 정의를 찾아 정리하였고, 그 결과 인슈어테크는 디지털 환경 속에서 데이터 기반 또는 고객 중심의 설루션을 제공함으로써 보험 분야에서 가치를 창출하게 하는 기술에 의해 촉진되는 혁신이라고 새롭게 정의한 바 있다. 이러한 정의들을 바탕으로 본 연구에서는 인슈어테크를 보험산업 가치사슬 전반에 첨단기술을 접목하여 상품 및 서비스의 품질을 개선하는 혁신 활동이라고 정의한다.

(2) 인슈어테크를 활용한 보험산업의 변화

보험산업은 장기적인 산업 주기, 사회안전망으로서의 역할과 이에 따른 강한 규제 등의 특성 때문에 보수적이고 변화에 소극적이었다. 하지만 인슈어테크의 등장으로 상황이 바뀌었다. 인슈어테크는 보험산업 가치사슬 전반에 걸친 혁신 도구로서 보험산업의 변화를 이끌 수 있다(금융감독원, 2019). 〈그림 2〉에서 보는 바와 같이 사물인터넷, 빅데이터, 인공지능, 블록체인과 같은 첨단기술은 상품개발, 마케팅, 보험상품 가입, 계약관리, 보험금 지급, 고객서비스 등 보험산업 가치사슬의 모든 단계에 영향을 미친다(금융감독원, 2019). 사물인터넷, 빅데이터를 이용하여 주행거리에 연동한 자동차 보험상품 등 맞춤형 상품을 개발한 사례, 광학문자인식(Optical Character Recognition, OCR) 기술 등을 이용한 인수 심사와 보험금 지급의 자동화로 생산성과 고객 편의성을 동시에 높인 사례, 인공지능 알고리즘을 적용한 보험계약 유지율 예측, 보험사기 탐지로 선제적으로 각각 고객 이탈, 보험 사기에 대응한 사례 등이 업계에서 나타나고 있다.

또한 인슈어테크가 보험 인수와 관련된 리스크 관리, 보험계약 관리, 보험금 지급 등 사후 처리 자동화 등에 적용되면서(박소정, 박지윤, 2017; 서봉교 등, 2021), 정보의 비대칭성, 도덕적 해이, 보험금 청구 과정의 불편 등 기존 보험산업에 산재하던 문제나 비효율적인 프로세스가 해결되거나 완화되고 있다(Cappiello, 2020). 이러한 변화는 인슈어테크가 고객에게 기능적인 편리함을 제공할 뿐 아니라 고객들이 보험에 대한 가지는 인식을 긍정적으로 바꾸고 있음을 의미한다.

보험회사들은 인슈어테크를 적극적으로 도입하고 활용함으로써 보험산업 전반의 디지털 전환을 앞당길 수 있다. Greineder et al.(2020)과 Cappiello(2020)는 인공지능 등의 기술이 보험산업에 파괴적 혁신을 가져올 것으로 전망한 바 있고, 김규동과 김윤진(2021)도 보험산업에 있어서 인슈어테크 기술의 급진적인 발전은 피할 수 없을 것으로 예상하였다. Boston Consulting Group(2022)에 따르면, 인슈어테크 스타트업 기업에 대한 글로벌 투자규모는 2012년 약 4억 달러 수준이었으나 2018년까지 7년간 누적 투자가 150억 달러를 넘었고, 2021년까지 10년간 연평균 64%로 성장하였다. 2021년 한 해에만 약 144억 달러의 투자가 이루어져 전년 대비 87%가 증가하였다. 인공지능의 경제적 파급효과가 큰 5대 산업인 제조, 교통·물류, 금융·보험, 공공·안전, 의료 산업을 대상으로 한 인공지능 도입 현황 조사에서 공공·안전 다음으로 금융·보험 산업에서 도입 의사가 높게 나타난 점에서 한국의 기존 보험회사들이 인슈어테크 기술에 지속적으로 투자할 것임을 예상할 수 있다(김경훈 등, 2021).

❙ 그림 2 ❙ 보험산업 가치사슬 내 인슈어테크 활용 현황

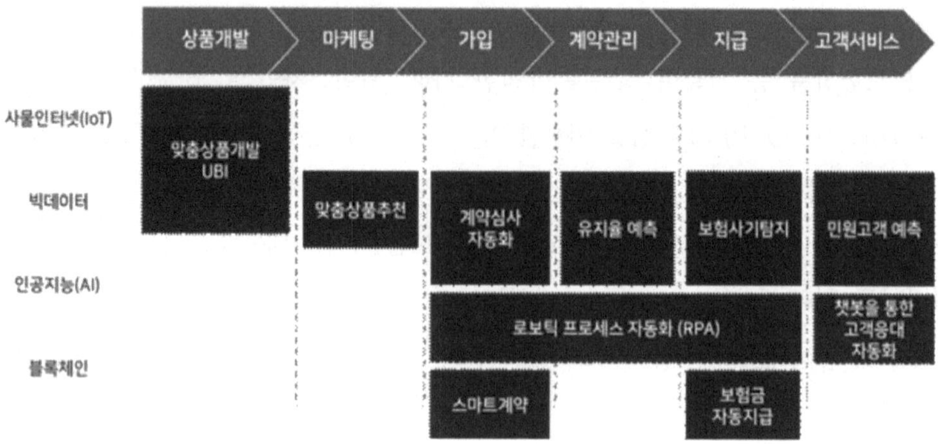

(3) 인슈어테크 기업 관련 사례

인슈어테크 기업에 관해서는 학자마다 다양하게 정의하고 있다. Braun and Schreiber(2017)는 인슈어테크 기업을 보험산업의 가치사슬을 디지털화하여 온라인 채널로만 보험상품을 판매하는 기업으로 한정시키고 있다. Capgemini and Efma(2017)는 설립된 지 5년이 되지 않으면서 상대적으로 작지만 소비자 기반을 갖춰 성장하고 있고 인슈어테크를 적용한 상품을 제공하는 기업으로 정의했다. Cortis et al.(2019)은 기술을 활용하여 보험인수심사, 위험관리, 보험금 지급을 효율화하는 기업을 인슈어테크 기업으로 보고 있다. Pollari and Ruddenklau(2019)는 가격 산정, 상품 판매 등 프로세스와 보험상품을 직접적으로 제공하는 채널에 혁신적 기술을 활용하는 기업으로 정의했다.

반면에, Mueller(2018)는 기술을 활용하여 보험산업 내에서 경쟁하거나 부가가치를 제공하는 보험회사, 보험중개인, 보험 가치사슬별 전문가를 인슈어테크 기업이라고 포괄적으로 정의하였다. 새로운 기술들이 전통적인 보험사업 과정의 전반을 변화시킨다는 면에서(Yan et al., 2018), 인슈어테크 기업은 보험 가치사슬에 걸쳐 기술을 활용하여 혁신하는 기업을 모두 지칭한다고 볼 수 있을 것이다. 이에 본 연구에서는 인슈어테크 기업을 보험 가치사슬에 걸쳐 빅데이터, 인공지능, 블록체인 등의 기술을 활용하여 혁신하는 기업 전체를 지칭하는 것으로 보았다.

인슈어테크 기업은 한국에서도 다양한 형태로 출현하고 있다. 인슈어테크 스타트업으로서 보닥, 보맵 등이 인공지능 기반의 보장분석, 건강분석으로 보험을 추천하는 서비스를 제공하고, 지앤넷, 레몬헬스케어 등이 병원과 연계한 간편 보험 청구 서비스를 제공하며, 스몰티켓 등이 펫보험과 같이 신규 위험을 보장하는 상품을 선보이고 있다. 보험회사 중에는 교보라이프플래닛생명, 캐롯손해보험, 하나손해보험 등이 비대면 디지털 플랫폼을 통해 보험상품을 판매하고 있으며, 이들은 자체적으로 또는 인슈어테크 스타트업들과 협력하여 건강증진형 보험, 운전습관연계보험 등 사전예방형의 상품을 선보이고, 챗봇 상담, 보험 간편 청구 등 고객 편의 서비스를 확대하고 있다.

선행연구들은 주로 해외 인슈어테크 스타트업에 주목하고 이에 대한 사례연구를 수행해 왔다. 인슈어테크 스타트업의 유형도 크게 세 가지 정도로 구분하여 볼 수 있는데, 그중 첫 번째는 디지털 보험회사처럼 정식 인가를 받고 기존 보험회사와 경쟁하는 유형의 인슈어테크 기업들이다(보험연구원, 2023b). 대표적으로 미국의 디지털 보험회사인 레모네이드(Lemonade) 사가 여기에 해당한다. 레모네이드 사는 고객이 가상의 직원과 챗봇으로 대화를 주고받으면서 보험에 간편하게 가입할 수 있도록 하고 보험금도 빠르게 지급받을 수 있게 하였다(Accenture, 2018; 김유미, 2018; 조재욱, 2020).

두 번째 유형은 보험 가치사슬의 일부 서비스에 한해 인슈어테크 기반 서비스를 제공하는 형태를 취한다(보험연구원, 2023b). 영국 쿠바(Cuvva) 사는 앱에서 간편하게 바로 자동차보험에 가입하고 주행거리에 연동하여 시간 단위로 보험료를 납입하는 보험상품을 제공하고(IAIS, 2018b), 미국의 플랭크 레졸루션(Planck Resolution) 사는 중소기업 명칭과 주소를 입력하면 웹상의 공개데이터를 분석하고 고객이 몇 초 내로 답할 수 있는 질문들에 대해 답변을 받아 인수 리스크를 평가하는 서비스를 제공한다(笠原康弘, 2020).

세 번째 유형은 마켓플레이스, 예방·예측 서비스와 같은 새로운 형태의 서비스를 제공하는 방식으로서, 대표적인 예로 미국의 커버 파이낸셜(Cover Financial) 사가 있다. 커버 파이낸셜 사는 모바일 앱이나 인터넷 웹상에서 고객이 답변한 결과를 이용해 30개 이상의 보험회사의 상품 조건을 검색·비교하고 최저가를 제시하는 서비스를 제공한다(김성후, 한낙현, 2022). 또한 독일 클락(Clark) 사는 앱·웹에서 고객의 보유 상품을 신속하게 분석해 독일 내 160개 이상의 보험상품 중에서 고객에게 가장 적합한 상품을 추천한다(조영현, 이혜은, 2018). 그 외에도 미국의 빔 베네핏(Beam Benefits) 사는 칫솔에 장착된 기기를 통해 치아습관을 관리하게 하는 예방 서비스를 제공하고 치아습관 점수에 근거해서 보험 갱신 시 보험료를 할인해 주는 서비스를 제공한다(김규동, 2018).

선행연구들은 이러한 인슈어테크 기반 스타트업들의 사례를 소개하는 경우가 대부분이며, 그 내용도 디지털 채널에 편중되거나 사물인터넷 기반 맞춤 상품, 보험 가입, 지급의 자동화와 같은 개별 분야별로 한정된 연구가 대부분으로, 보험회사의 주요한 비대면 채널인 텔레마케팅에 대한 사례 연구와 보험 가치사슬 전반에 걸친 비즈니스의 변화를 분석하는 사례 연구는 찾아보기 어렵다. 기존의 전통적인 보험회사를 대상으로 한 사례연구로는 중국 평안보험이 인공지능 기술을 활용하여 영업, 보험인수, 보험금 청구, 대출 서비스 등 보험업무 전 영역에 인슈어테크를 도입하였던 혁신 사례에 관한 연구가 유일한 실정으로(이재원, 오상진, 2020), 전통적인 보험회사가 가치사슬 전반에 걸쳐 인슈어테크를 도입하여 혁신한 사례에 관한 연구가 필요한 상황이다.

3 | 라이나생명의 디지털 혁신 여정

라이나생명은 1987년 글로벌 보험회사 중 최초로 한국에 진출하여 3,000명 규모의 텔레마케팅 영업 판매 조직을 보유하고 있는 보험회사로서, 1995년에는 국내 보험업계 최초로 TV광고, 홈쇼핑을 통해 보험을 판매하는 다이렉트 마케팅을 도입하여 판매채널을 다변화했고, 보험에서 소외되었던 고객 계층, 보장 영역을 개척하여 무진단 무심사 보험, 치아보험, 고령자 전용 암보험 등의 혁신적인 보험상품을 국내 최초로 선보인 바 있다(라이나생명, 2023). 비대면 채널을 개척하고 혁신 상품 개발에 앞장선 저력을 바탕으로 라이나생명은 2016년 4차 산업혁명이 선언되던 시점에 발 빠르게 디지털 혁신 로드맵을 수립하고 가치사슬 전반에 대해 적용가능한 기술 점검에 착수하였으며, 2016년부터 2022년까지 보험상품개발, 마케팅, 보험상품 가입, 계약관리, 보험금 지급, 고객서비스에 걸친 전체 가치사슬에 걸쳐 인슈어테크를 도입했다.

| 표 6 | 연도별 라이나생명의 가치사슬 내 인슈어테크 적용 실적

<table>
<tr><th>연도</th><th>주요 실적</th><th>가치사슬 구분</th></tr>
<tr><td>2016년</td><td>고객서비스 챗봇</td><td>고객서비스</td></tr>
<tr><td rowspan="3">2017년</td><td>차세대 보험업무시스템</td><td>가입, 계약관리, 지급</td></tr>
<tr><td>영업지원 챗봇</td><td>마케팅</td></tr>
<tr><td>로보틱 프로세스 자동화(Robotic Process Automation, RPA)</td><td>가입, 계약관리, 지급, 고객서비스</td></tr>
<tr><td rowspan="2">2018년-2019년</td><td>인공지능모델 도입 : 보험청약확률 예측, 보험인수심사결과 예측, 보험계약유지율 예측, 보험사기 예측, 보험금지급심사 결과 예측</td><td>마케팅, 가입, 계약관리, 지급</td></tr>
<tr><td>음성데이터 인식 및 분석 시스템</td><td>마케팅, 고객서비스</td></tr>
<tr><td rowspan="3">2020년-2021년</td><td>텔레마케터 인공지능 비서</td><td>마케팅</td></tr>
<tr><td>인공지능 기반 통화품질 모니터링 시스템</td><td>마케팅</td></tr>
<tr><td>인공지능 기반 건강관리 앱</td><td>고객서비스</td></tr>
<tr><td rowspan="2">2022년</td><td>인공지능 광학문자인식(Optical Character Recognition, OCR) 기반의 보험금 지급 자동화</td><td>지급</td></tr>
<tr><td>마이데이터 기반의 서류 없는 보험금 지급</td><td>지급</td></tr>
</table>

〈표 6〉은 라이나생명이 추진했던 인슈어테크 관련 혁신의 주요 실적들을 제시하고 있다. 2016년, 2017년에 걸쳐 챗봇과 로보틱 프로세스 자동화(Robotic Process Automation, RPA)로 고객 응대와 내부프로세스를 자동화하였고, 2017년에는 차세대 보험업무시스템을 도입하였다. 2018년부터 인공지능 알고리즘을 이용하여 보험청약확률 예측, 보험인수심사결과 예측, 보험사기 예측, 보험금지급심사결과 예측, 보험계약유지율 예측 모델을 구축하기 시작했다. 무엇보다 고객과의 전화로 생성되는 방대한 양의 음성데이터를 활용하기 위해 2019년부터 2021년까지는 음성데이터 인식 및 분석 시스템, 텔레마케터 인공지능 비서, 인공지능 기반 통화품질 모니터링 시스템을 도입하였다. 2022년에는 인공지능 광학문자인식(Optical Character Recognition, OCR) 기반으로 보험금 지급을 자동화하고, 마이데이터 기반의 서류 없는 보험금 지급 서비스를 선보였다.

라이나생명은 가치사슬 전반에 인슈어테크를 적극적으로 도입하였으며, 그 과정에서 매출 성장과 이익 개선이라는 기업 성과를 거두었다. 라이나생명의 2022년까지의 최근 5년간 매출액 연평균 성장률은 5.43%이며, 같은 기간 5년 평균 영업이익률은 16.24%, 2022년 당기순이익은 3,220억 원으로 업계 6위를 차지했다(공현철, 2023). 소비자 보호 측면에서도 보유계약 10만 건당 민원 건수가 생명보험회사와 손해보험회사를 통틀어 6년 연속(2017년~2022년) 가장 적으며 3년 연속(2021년~2023년)으로 "소비자가 가장 추천하는 브랜드" 생명보험 부문 1위에 선정되는 등 좋은 성과를 달성했다(라이나생명, 2023).

이에 본 연구는 2016년부터 2022년까지 이루어진 라이나생명의 인슈어테크 도입 및 성과 달성의 내용과 과정에 초점을 두었다. 필자는 라이나생명에 재직하여 인슈어테크 도입 및 실행에 직접 참여한 바 있다. 이에 사례 분석은 실제 현장 참여 경험과 관찰의 내용을 토대로 이루어졌다. 또한, 연구의 신뢰성과 타당성을 확보하기 위해 문헌자료, 기업 내부 자료, 기업 관계자 인터뷰, 홈페이지, 언론 보도 자료를 종합적으로 활용하여 분석하였다.

4 | 혁신 전략을 읽는 렌즈

라이나생명 사례를 분석하는 틀로 〈그림 3〉의 SER-M 프레임워크를 활용하고자 한다. SER-M은 경영전략의 수립 및 실행을 통해 성과가 창출되는 일련의 과정과 내용을 통합적으로 분석하고 설명하는 데 유용한 분석틀이다. 과거의 경영학 논의들이 성과(performance)를 창출하는 경쟁력 있는 전략의 핵심요인을 주체(subject, S), 환경(environment, E), 자원(resource, R) 각각으로 나누어 설명했었다면, SER-M은 이를 통합하는 관점이며 경영전략의 성과를 이끄는 경영 메커니즘(mechanism, M)의 작용을 강조한다(조동성, 2014; 허경구, 김주남, 2017). 라이나생명의 사례는 전사적 차원에서 전략을 수립하고 보험 가치사슬 전반에 인슈어테크를 도입하고 활용하였던 사례이므로 SER-M의 통합적 관점을 적용하여 분석하고 이해하는 것이 필요하다.

SER-M에서 주체(S)에는 기업 경영의 주체인 최고경영자와 관련된 요인으로서 경영철학, 비전, 리더십, 경험 등이 포함된다. 최고경영자는 기업의 전략 수립, 조직구조 결정, 의사소통 등을 통해 조직의 목표 달성을 위해 주어진 자원을 배분하고 활용한다는 면에서 기업의 전략 수립에 있어서 핵심적인 요소이다. 환경(E)은 기업에게 주어진 외부여건으로서, 기업활동과 관련된 법, 규제, 경쟁 구조, 시장환경 등을 의미한다. 기업이 성과를 거두기 위해서는 이러한 환경적 요소로부터 기회요소를 찾아 그에 맞는 전략을 수립해야 한다. 자원(R)은 기업이 보유하고 있는 인적, 물적 자원, 기술과 자본 등을 의미한다. 동일한 산업에서도 기업이 내부에 보유한 자원의 차이로 기업마다 환경 변화에 대응하는 방식이 다르게 나타나므로 기업은 전략의 수립만이 아니라 전략을 실행할 수 있는 자원을 확보하거나 창출해야 한다.

| 그림 3 | SER-M 프레임워크

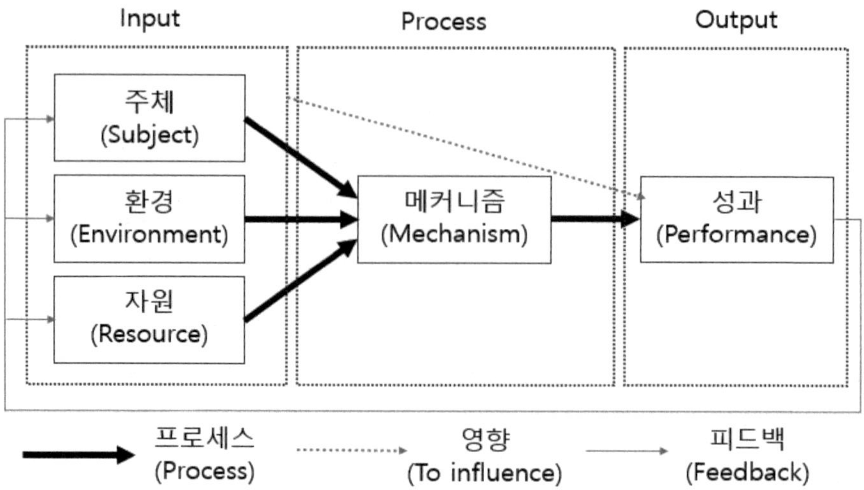

주체, 환경, 자원은 경영전략의 성과에 영향을 주는 요인들이지만, 실제로 성과가 만들어지는 과정을 온전히 이해하기 위해서는 이들 세 가지 요소들의 상호작용을 통해 작동하는 경영 메커니즘에 대한 이해가 추가되어야 한다(조동성, 2014). 메커니즘은 기업경영의 논리와 원칙을 의미하며, 기업의 성과를 이끄는 경영전략을 이해하기 위한 핵심요소이다. 메커니즘의 기능으로는 선택 메커니즘, 조정 메커니즘, 학습 메커니즘이 있다. 선택 메커니즘은 급격한 경영환경 변화에서 살아남기 위해 기업의 핵심자원을 능동적으로 선택해 가는 전략적 과정을 의미한다. 조정 메커니즘은 기업마다 의사결정 주체, 직면한 환경, 활용가능한 자원이 다르기 때문에 이들에 의해 형성되는 메커니즘도 기업마다 차이가 나고 다른 기업보다 효율적으로 경제활동을 조정한 기업이 지속적인 경쟁우위를 유지한다는 것을 뜻한다. 학습 메커니즘은 기존 자원을 이용하는 지식활용 과정이나 기존 자원의 새로운 배합, 실험을 통해 새로운 능력을 개발하는 지식탐색 과정에 의해 형성되어 자기 강화를 통해 특화되고 제도화되는 특성이 있다. 이를 종합하면, 조정 기능을 통해 주체, 환경, 자원 간의 최적의 관계가 설정되고 그 과정에서 학습된 지식이 내부화되며 여러 대안 중에서 최적의 관계가 선택되어 메커니즘이 구축되고 발전하면서 경영성과에 영향을 미치게 되는 것이다(조동성, 2014).

다수의 선행연구들은 SER-M 프레임워크를 활용한 기업사례 연구를 수행한 바 있다. 이윤철과 구자원(2009)은 기업의 성장단계에 따라 주체, 환경, 자원, 메커니즘 요인으로 형성된 경영전략이 경영성과에 미치는 영향을 실증하기 위해 국내의 총 150개 기업을 연구하였고, 최해룡과 구자원(2017)은 국내 대표적인 IT서비스 기업들을 대상으로 선택, 학습 그리고 조정 메커니즘 관점에서 기업의 정보화 성과 창출 과정에서 어떠한 메커니즘 요인이 적용되고 있는지에 대해 연구하였다. 또한 김태종과 엄재근(2020)은 세계 가전 시장 점유율 1위를 달성한 LG전자 생활가전사업을 SER-M 프레임워크에 적용하여 분석하고 기업이 글로벌 경쟁력을 확보하기 위한 최적의 경영전략을 연구하였으며, 김형욱과 정승언(2021)은 합성피혁소재, 신발용 부직포를 생산하는 중소기업인 ㈜디케이앤디의 해외진출 성공요인을 SER-M 프레임워크를 활용하여 분석함으로써 한국의 중소기업의 해외 진출 전략에 대한 시사점을 도출하였다. 정지훈과 고영희(2023)는 바이오제약산업에 진입하여 코로나 19 시대의 기회를 활용하여 큰 성과를 이룬 셀트리온과 삼성바이오로직스의 성장 과정의 전략을 SER-M 프레임워크를 통해 비교 분석하였다. 안세영과 임효숙(2023)은 발달장애인 일자리 창출을 위한 사회적 기업 베어베터의 브라보비버의 경영전략을 SER-M 프레임워크에 적용하여 심층 사례 분석을 수행하였다.

이처럼 선행연구들은 SER-M 프레임워크를 적용하여 기업 성과에 영향을 주는 주요 요인들을 주체, 환경, 자원의 측면으로 구분하여 검토하고, 이들 간 통합을 통해 만들어지는 경영 메커니즘을 함께 분석하였다. 이에 본 연구에서도 라이나생명의 인슈어테크를 활용한 혁신 전략을 통합적으로 분석하고 이해하기 위해 SER-M 프레임워크를 활용한다. 특히 성과에 영향을 주었던 메커니즘은 선택, 조정, 학습의 메커니즘으로 구분하여 체계화하고자 한다.

5 SER-M으로 바라본 라이나생명의 혁신 사례

(1) 주체(S)

최고경영자의 고객 인식 전환

라이나생명의 최고경영자는 2010년에 취임한 이후 줄곧 텔레마케팅에 집중하였으며, 그 결과 매출(영업수익)은 2012년 1조 2,456억 원에서 2016년 2조 1,966억 원으로, 순이익은 2012년 1,066억 원에서 2016년 2,459억 원으로 괄목할 성장을 이루어 냈다(김기율, 2022). 그러나 홈쇼핑을 포함한 텔레마케팅의 비중이 전체 초회보험료에서 89.89%(2016년 기준)를 차지하는 등(김미리내, 2019) 지나치게 편중된 비즈니스모델은 위기 요소를 내포하게 되었다. 텔레마케팅은 고객에게 전화를 많이 걸고 많은 시간 동안 대화를 하였을 때 청약이 성사될 가능성이 높다. 라이나생명은 고객에게 자동으로 전화를 거는 자동발신시스템(Auto Dialing System, ADS)을 도입하여 대량으로 전화 발신을 하고 고객이 전화를 받으면 텔레마케터가 응대하게 했다. 홈쇼핑사, 카드사 등 제휴처에서도 고객 데이터베이스를 이용하여 전화를 걸어 라이나생명의 보험상품을 판매하므로 고객 입장에서는 동일한 보험회사로부터 중복적으로 전화를 받는다는 인식이 발생한다. 이러한 문제로 인해 고객에게 고객만족도를 매년 조사할 때 전화 피로감을 호소하는 빈도가 높아졌다.

최고경영자는 "지금의 텔레마케팅 방식으로는 앞으로 5년을 버티지 못한다"며 고객을 괴롭히면서 회사가 성장하는 비즈니스모델은 한계가 왔다고 말했다. 위기의식을 가지지 않으면 회사의 미래가 불투명하다고 인지한 것이다. 고객에게 일방적으로 전화를 걸고 고객의 필요와는 무관하게 신상품을 소개하는 강요 방식(Push)의 마케팅에서 벗어나 고객이 먼저 찾아오는 방식(Pull)의 마케팅으로 전환해야 한다고 역설하고 2017년에 임직원에게 드리는 편지의 형식을 빌어 3C 경영을 선포하였다. 3C 경영은 고객(Customer), 연결(Connection), 문화(Culture)를 의미한다. 이는 숫자보다는 사람에 집중하여 미래를 대비하자는 선언으로 모든 의사결정에 고객을 최우선하고 임직원의 인식과 조직문화를 변화시킴으로써 결과적으로 고객과 회사가 직접적으로 연결되어 고객에게 혜택이 돌아가고 회사는 지속적으로 성장하는 선순환을 만들자는 경영철학이다. 매출 일변도가 아닌 고객의 만족을 추구하는 체질적 변화를 강력하게 추진한 것이다.

최고경영자의 디지털 혁신 의지

라이나생명은 2015년 이전까지는 정보기술 분야에 대한 투자가 미약하였다. 보험청약, 보험계약관리, 보험금 지급 등의 핵심업무를 처리하는 보험업무처리시스템을 1998년에 구축한 후에 18년 동안 사용하고 있었다. 낙후된 시스템이 성장에 걸림돌이 되자 차세대 보험업무처리시스템을 2년간 준비하여 2017년 초에 오픈하였다. 2016년부터 4차 산업혁명의 개념이 전파되었고 빅데이터, 인공지능, 로봇, 사물인터넷 등이 핵심기술로 부각되었다. 보험업계는 보수적인 업종이지만 라이나생명의 최고경영자는 인슈어테크 적용에서 앞서 나가기 위한 준비에 착수했다. 그러나 외국계 보험회사들의 글로벌 본사에서는 디지털 기술과 같은 대규모 투자에는 인색하였다. 보험업을 운영하기 위해 필수적인 보험업무처리시스템을 재구축하는 준비 단계에서도 투자 승인을 받는 데에 어려움을 겪은 상황이었다.

라이나생명의 최고경영자는 차세대 보험업무처리시스템을 시작으로 전면적인 인슈어테크 도입을 통해 회사의 혁신성을 가속화하고자 하였다. 그는 디지털 혁신의 당위성과 장기적 로드맵을 글로벌 본사에 제시하여 투자를 이끌어내고 내부적으로 디지털 기술 도입을 적극적으로 독려하였다. 이러한 노력으로 라이나생명은 2016년에 업계 최초로 챗봇 상담 서비스를 선보였다(〈그림 4〉 참조). 또한 2017년에는 업계 최초로 로보틱 프로세스 자동화(RPA)를 도입하였다. 안전하고 확실한 방식보다는 새로운 시도를 지속하는 혁신 문화를 4차 산업혁명의 태동 시기에 지속적으로 이어나갔다.

┃그림 4┃ 라이나생명의 챗봇 상담 서비스

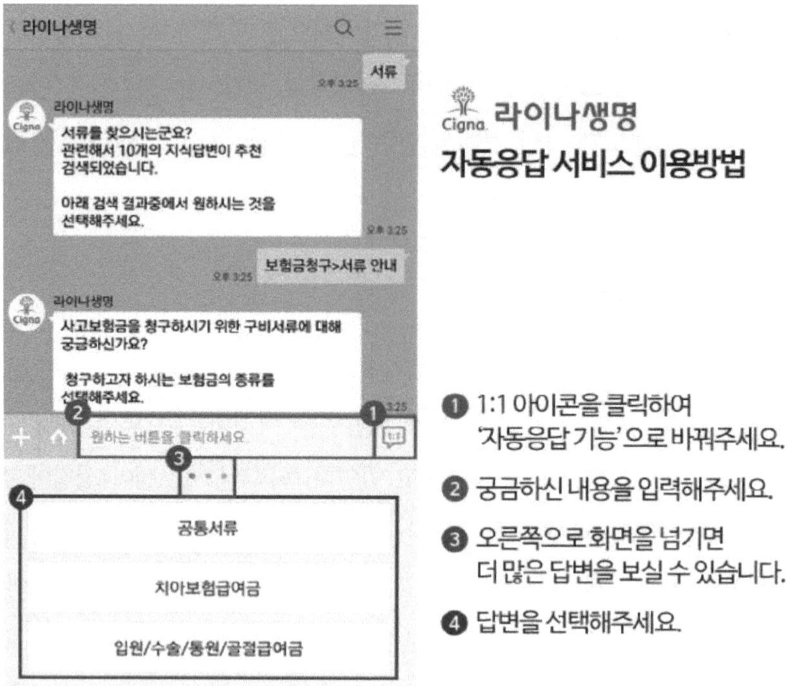

현장 중심 리더십

라이나생명 최고경영자는 고객과의 접점에서 일하는 텔레마케터의 고충에 귀 기울이고 개선하는 데에 집중하였다. 텔레마케터와의 정기적인 간담회를 통해 현장의 목소리를 청취하였고, 단순한 행사에 그치지 않고 취합된 의견들을 과제화하여 시행을 점검하였다. 임원들과의 여러 회의자리에서도 "텔레마케터가 얼마나 힘들게 돈을 버시는지 아느냐"는 말을 종종 하였다. 팀장급 이상의 리더들이 고객에게 직접 전화를 걸어 불만 또는 불편사항을 청취하는 프로그램도 현장 중심 경영의 일환이었다.

텔레마케터 인공지능 비서는 텔레마케터들이 고객과 상담하는 과정을 지원하기 위해 기획되었다. 고객의 음성을 실시간으로 인식하고 분석하여 상황에 적합한 대화 스크립트를 텔레마케터에게 자동으로 제공함으로써 숙련되지 않은 텔레마케터도 고객과 자연스럽게 대화를 이어나갈 수 있게 하였다. 최고경영자는 텔레마케터 인공지능 비서가 라이나생명의 미래가 되어야 하므로 현장을 깊이 이해하여 구현되어야 한다고 강조했다.

인공지능 비서의 첫 시연 자리에서 최고경영자는 고객과 대화 중에 음성 속에서 중요한 단어를 인식하여 가장 관련성이 높은 지식정보를 자동으로 화면에 제시하는 기능에 만족하였으나 텔레마케터들이 가장 어려워하는 구간인 고객과 통화가 연결된 직후 30초 내에 승부를 볼 수 있는 핵심 콘텐츠가 보이지 않는다고 비판적으로 평가했다. 이미 전화 피로감이 누적된 고객들이 전화가 연결된 직후에 전화를 끊는 경우가 많기 때문이었다. 아직 본격적인 대화가 진행되기 전이라도 고객의 감정상태, 분위기 등을 파악하여 고객의 마음을 사로잡을 수 있는 말을 제시하는 기능을 구현할 것을 요청하였다. 해당 기능이 구현되지 않는다면 인공지능 비서를 오픈하지 않겠다고 했다.

사실상 기술로는 구현하기 어려운 과제였다. 고민을 거듭하다가 고객의 성별, 연령별, 계절별 등으로 다양한 시나리오를 미리 정의하고 전화가 연결된 직후에 해당 고객의 성별, 연령, 계절에 맞는 대화 샘플들을 제시하여 텔레마케터가 참조할 수 있게 했다. 최고경영자는 완전하게 만족하지는 않았지만, 기술적 한계 등을 고려하여 오픈을 승인하였다. 이처럼 최종 사용자가 겪는 핵심적인 애로사항을 이해하고 끝까지 해결하는 현장 중심의 리더십을 보여 주었다.

(2) 환경(E)

인공지능 시대에 대한 선제적 대응

2016년에 알파고가 이세돌 9단을 이긴 이후로 인공지능 기술이 각광을 받았다. 그러나 기업에 활용하기에는 기술적인 문제들이 많았다. 인공지능의 도입에 적극적인 기업들도 기술의 가능성을 미리 확인해 보는 개념증명(Proof of Concept, PoC) 단계에 머물러 있었다. 라이나생명은 2016년에 업계 최초로 챗봇을 출시하였지만 규칙 기반으로 정해진 질문에 답변을 제시하는 방식이었으므로 고객에게 답변을 제대로 못하고 상담원에게 문의하시라는 안내 문구를 내보내는 경우가 많았다. 그러나 라이나생명은 이러한 시도를 해야만 경험이 축적되고 기술이 발전해 가는 과정에서 더 신속하게 수용할 수 있다는 인식을 하고 있었다.

인공지능 알고리즘들이 오픈소스로 공개되고 개발환경이 발전하면서 금융회사에서도 인공지능모델을 구축하는 사례가 나타났다. 라이나생명은 전담조직을 신설하고 인재를 영입하여 보험 가치사슬에 걸쳐 다양한 모델을 구축하였다. 기존 고객의 청약확률을 예측하여 타깃고객을 선별함으로써 청약 성공률을 높였고 보험 인수심사 결과와 보험금 지급심사 결과를 예측하여 심사자의 생산성을 높였으며 보험사기를 예측하여 위험을 예방하였다. 이렇듯 실제적인 시도와 업무 적용을 통해 내부의 데이터 활용과 인공지능 모델링 역량을 지속적으로 향상했다.

텔레마케팅을 주력으로 하는 라이나생명은 방대한 음성데이터를 보유하고 있었다. 그러나 이러한 음성데이터는 비정형 데이터를 분석하는 기술이 등장하기 전에는 활용할 수 없는 데이터에 불과하였다. 2018년경 음성을 텍스트로 변환하는 STT(Speech-to-Text) 기술이 본격적으로 상용화되면서 라이나생명은 즉시 관련된 소프트웨어 제품들을 검토하였다. 당시 상황을 보면, 기술적 성숙도 측면에서는 미흡한 면이 많았다. 하지만 2016년 챗봇 서비스를 도입하고, 2018년 보험청약확률 예측, 보험인수심사결과 예측, 보험사기 예측, 보험금지급심사결과 예측 등을 위한 인공지능모델을 선도적으로 시도하였던 것과 같이, 라이나생명은 음성데이터가 지닌 잠재력과 관련 기술의 기회를 선점해야 한다는 인식을 가지고 텔레마케팅을 통해 생성되는 음성데이터를 텍스트로 변환하는 인공지능기술인 STT(Speech-to-Text)를 적극적으로 도입하였다.

정부 규제 완화 주도

보험업 법의 하위 규정인 「보험업 감독규정」에 따르면, 보험회사가 전화로 보험을 모집할 때는 「금융소비자보호법」 상의 중요사항을 설명하고 이러한 설명의 전 과정을 음성 녹음해야만 계약을 완료할 수 있다. 그러나 고객들은 장시간 동안 음성 설명을 들으면서 계약 내용을 충분히 이해하지 못해 민원을 제기하는 사례가 많다.

라이나생명은 인슈어테크 도입 로드맵을 기획하는 단계에서부터 다양한 디지털 매체를 이용하여 고객과 양방향으로 소통하는 영업방식을 정의하였다. 고객이 음성을 들으면서 동시에 스마트기기의 화면으로 내용을 확인하면 정확한 정보를 기반으로 판단할 수 있다. 또한 고객이 화면을 통해 정보를 입력한 부분은 음성 녹음을 모니터링하지 않아도 되므로 내부직원의 생산성을 향상할 수 있다. 그러나 「보험업 감독규정」상 불가하였으므로 라이나생명은 금융규제 샌드박스 제도를 통하여 음성 안내와 화면 안내를 결합한 보험 가입 서비스인 "보이는 텔레마케팅(TM) 보험가입 서비스"를 혁신금융서비스로 승인해 줄 것을 금융위원회에 요청하였다.

라이나생명은 2019년에 혁신금융서비스 승인을 요청한 이래로 감독기관과 꾸준히 소통하였다. 그 결과, "보이는 텔레마케팅(TM) 보험가입 서비스"가 2022년 12월에 금융위원회 혁신금융서비스로 지정되었고 2023년 2월에는 해당 서비스를 포함하는 「보험업 법 시행령」 개정안이 입법 예고되었다(금융위원회, 2023). 라이나생명은 텔레마케팅을 선도하는 입장에서 규제를 주어진 조건으로만 받아들이지 않고 고객의 입장에서 디지털의 기회를 활용할 수 있도록 적극적으로 규제 완화를 주도하여 보험산업의 신뢰도를 높이는 데에 일조하였다.

고객의 니즈 변화에 대응

보험산업의 상황을 보면, 전체 가구의 보험가입율이 98.2%에 달할 만큼 정체 상태를 보이고 있다(보험연구원, 2019). 고객들은 질병이나 사고 시의 경제적 부담을 해소하려는 목적으로 보험에 가입하고 있으나, 보험에 자발적으로 가입하는 사람은 18.2%에 불과하고 35.8%는 지인의 권유로 가입하며 46%는 보험설계사 또는 보험설계사의 친지의 권유로 가입하고 있는 실정이다(금융소비자연맹, 2018). 과거에는 보험을 사후적인 대비 측면에서 주로 비자발적으로 가입해 왔으나 최근 기대 수명이 증가하면서 고객의 니즈도 변화하고 있다. 고객들은 평소에 건강한 삶을 유지하는 것에 관심이 크고 본인의 건강상태에 맞추어 보험의 보장 범위와 수준을 스스로 선택적으로 조정하고 싶어 한다.

라이나생명은 이러한 변화된 고객의 니즈에 대응하기 위해, 비대면으로 통화하는 상황에서도 고객의 건강에 대한 인식과 필요에 맞춰 주요 질병별로 적정한 보장 수준을 설계하는 기능을 텔레마케터 인공지능 비서에 〈그림 5〉와 같이 탑재했다. 이는 타사의 대면 채널에서만 적용하던 기능을 텔레마케팅 분야에 최초로 도입한 것으로서, 단순한 상품 판매가 아닌 고객의 니즈에 맞는 보장설계 방식을 도입한 것이다. 또한 고객이 건강이나 질병 관련한 문의를 하였을 때 바로 대응할 수 있도록 대형병원과 제휴한 질병 및 건강 콘텐츠를 텔레마케터 인공지능 비서 상에서 쉽게 검색하여 상담할 수 있도록 하였다.

▎그림 5▎ 텔레마케터 인공지능 비서의 보장분석 및 설계 서비스

라이나생명은 고객과 가족의 삶 전체를 책임지는 헬스서비스 기업으로 거듭날 것을 표방하고 보험상품 판매와는 별도로 고객의 건강 증진을 돕는 건강관리 앱을 2021년

에 출시하였다. 건강설문조사를 통해 건강점수를 산출하고 인공지능 기반으로 얼굴을 인식하여 혈압 등의 건강상태를 진단할 수 있으며, 이를 바탕으로 목표를 설정한 후 개인별로 운동을 지도한다. 라이나생명은 고객의 니즈 변화에 발맞춰 텔레마케팅을 일방향 판매가 아닌 양방향 컨설팅으로 재설정하여 고객이 질병, 사고에 대한 사후 대처뿐만 아니라 평상시에 건강한 삶을 영위하도록 하는 사전 예방적인 서비스에 초점을 두고자 했다.

(3) 자원(R)

외부기술의 내재화

4차 산업혁명을 촉발한 인공지능, 빅데이터 등의 기술이 기업들의 생산성을 획기적으로 높이고 고객 경험을 향상하고 있다. 이러한 기술의 보유와 활용 역량은 기업이 경쟁력을 강화하고 유지하기 위한 핵심적인 자원 중 하나라고 할 수 있다. 라이나생명은 2015년까지는 글로벌 본사의 방침에 따라 정보기술에 대한 투자가 부족하였으나 회사의 성장 동력을 확보하기 위해서는 기술 투자가 필수적이었으므로 새로운 보험업무처리시스템의 도입과 더불어 디지털 신기술을 통한 혁신에 박차를 가하였다.

라이나생명이 도입한 챗봇, 로보틱 프로세스 자동화(RPA), 음성인식기술은 도입 당시에는 미성숙한 기술이었지만 타 보험회사들이 기술의 성숙도를 사전 검토하면서 시간을 지체하는 동안 라이나생명은 혁신의 이미지를 부각하고 기술의 기회를 선점하기 위해 과감하게 초기 단계의 외부기술을 도입하고 내재화하여 발전시켰다.

챗봇을 도입하던 시점에는 고객의 질문에 답변하지 못하는 경우가 많았으나 지속적으로 대화 시나리오를 추가하여 답변율을 높여갔고 상품과 제도의 변화에 따라 신속하게 대화 시나리오를 보강하였다. 로보틱 프로세스 자동화(RPA)는 PC의 윈도즈 환경에만 적용가능한 초기 단계의 기술을 도입하였지만 34개의 업무프로세스를 자동화하여 생산성 향상을 확인한 이후에 서로 다른 컴퓨팅 환경 간에도 호환되는 기술로 업그레이드하였다. 동시에 자체적으로 프로젝트팀을 조직하여 적용대상 프로세스를 추가 발굴하고 직접 구현함으로써 총 100개 이상의 업무를 자동화하였다.

라이나생명은 고객의 신상정보, 답변내용, 건강상태, 기호와 성향 등이 포함되어 있는 음성데이터를 활용한다면 고객에 대한 이해를 높이고 이를 바탕으로 더욱 효과적인 텔레마케팅이 가능할 것으로 확신하였다. 자연어처리, 텍스트분석 분야의 석박사 인력을 영입하여 데이터분석 역량을 강화하였고 다양한 데이터분석을 통해 인사이트를 발견하고 업무에 적용해 나갔다. 예를 들어 청약 시의 고객과의 대화 내용을 분석하여 대화를 어떤 순서로 진행했을 때, 어떤 단어와 표현을 사용하였을 때 청약률에 도움이 되는지를 파악할 수 있었다.

음성인식기술을 도입하던 초기에는 잡음 문제를 해소하기 어려웠다. 전화 통화의 음성인식 정확도가 제고되지 않으면 후속으로 도입하는 인공지능 비서와 통화품질 모니터링 시스템이 제 기능을 할 수 없었다. 3,000명 규모의 텔레마케팅 조직을 운영하는 라이나생명은 음성인식과 관련해서 발생하는 대부분의 오류와 제약점을 발견하고 조치할 수 있는 최적의 테스트 베드를 자임했다. 시행착오를 통해 꾸준하게 정확도와 활용도를 높여가면서 음성인식기술을 안정화하였고 이러한 노력으로 인공지능 기반의 비서와 통화품질 모니터링시스템이 제 역할을 할 수 있었다.

텔레마케터의 역량 강화

텔레마케팅은 효율 높은 고객 데이터베이스, 소구력과 가성비 높은 보험상품, 우수한 텔레마케터가 대표적인 핵심자원이다. 유사한 고객군, 상품이더라도 텔레마케터의 역량에 따라 실적에서 큰 차이가 발생한다. 그러나 텔레마케터의 역량 향상에는 한계가 있는 것이 사실이었다.

먼저 텔레마케터는 기존에 관계가 형성되어 있지 않은 고객과 통화하는 동안에 청약에 성공하여야 하므로 비교적 이해하기 쉽고 가격이 저렴한 보험상품 위주로 판매를 한다. 따라서 다양한 보험상품에 대한 지식은 부족한 경우가 많다. 또한 대면 영업에서는 일정한 시간 동안 고객과 마주 보고 다양한 대화를 나누면서 친밀감을 형성하고 고객의 상황, 관심사, 니즈 등을 자연스럽게 파악하여 대응할 수 있지만, 고객과 미리

시간이 약속되지 않은 전화 통화에서는 고객의 발언이 적고 고객의 정서적 상황을 확인하기 어려워 정보 파악과 즉각적인 대응이 어렵다. 따라서 텔레마케터 개인의 순발력에 의존할 수밖에 없다.

이러한 상황에서 라이나생명은 인공지능 비서와 통화품질 모니터링 시스템을 도입하면서 텔레마케터의 역량이 상향 평준화되도록 설계하였다. 보장분석을 진행하는 동안 고객이 관심을 가지는 상품에 대한 주요 정보와 각 상품의 마케팅 포인트를 화면상에서 바로 확인할 수 있어 텔레마케터들은 상품지식이 부족하여도 정확한 정보를 기반으로 고객 응대를 할 수 있게 되었다. 그뿐만 아니라 고객의 음성 속에서 고객의 의도가 드러나는 중요한 단어를 실시간으로 식별하고 이에 맞는 콘텐츠를 바로 연결하여 제공하는 기능, 통화내용을 요약하여 후속 상담에서 자연스럽게 대화를 이어갈 수 있게 하는 기능, 통화내용에서 잘못된 안내를 찾아내서 고객에게 재안내하도록 돕는 기능 등은 텔레마케터가 고객 맞춤형 컨설팅 역량을 확보할 수 있게 하였다.

텔레마케터들은 신상품 정보라는 단일한 콘텐츠로만 상담하던 환경에서 보장분석 정보를 이용하고 고객 상황에 맞게 제시되는 콘텐츠들을 이용하는 환경으로 바뀌면서 고객과 더 오랫동안 대화를 이어갈 수 있게 되었고 청약 성공률이 높아지는 체험을 하였다. 이는 텔레마케터들이 자발적으로 다양한 보험상품을 학습하는 동기가 되어 전문성이 높아지고 청약 성공률이 높아지는 선순환이 이루어졌다.

(4) 메커니즘(M)

라이나생명이 인슈어테크를 도입하고 비즈니스 혁신을 통해 지속적으로 성과를 창출한 과정을 설명하기 위해서는 주체, 환경, 자원이라는 세 가지 요소만으로는 부족하며 이들이 상호작용하여 만들어진 경영 메커니즘을 함께 고려해야 한다(조동성, 2014). 기업의 주체는 경영환경 변화에서 살아남기 위한 핵심자원을 전략적으로 선택하게 되고, 기업마다 의사결정 주체, 처한 환경, 활용가능한 자원이 다르므로 이들 간에 최적의 관계를 조정하는 과정이 필요하며, 이러한 과정에서 학습된 지식을 내부화하게 된다. 기업은 선택, 조정, 학습의 메커니즘을 구축하고 발전시켜 다른 기업과 차별화된 경쟁우위를 확보하고 경영성과를 높이는 것이다.

선택: 텔레마케팅 방식의 차별화

텔레마케팅은 전형적인 밀어내기식 영업으로 인식되어 왔다. 보험에 관심이 없는 고객은 텔레마케팅 전화를 받자마자 끊는 경우가 많다. 가족이나 지인의 질병, 사고를 접하고 보험 가입을 고민하던 고객은 때마침 걸려온 텔레마케팅 전화에 호응한다. 이처럼 고객의 상황을 미리 알 수는 없으니 최대한 많은 고객에게 자주 전화를 걸어야 청약 성공률이 올라가고 필연적으로 고객의 전화 피로감이 높아지게 된다. 청약이 된 이후에는 일반적인 고객서비스센터 운영 외에는 고객을 관리하는 기능이 거의 없었다. 최고경영자가 주창한 "고객이 먼저 찾아오는 마케팅"을 실현하기 위해서는 텔레마케팅에 대한 기존의 상식을 타파해야 했다. 라이나생명은 과거에 성공을 거둬온 텔레마케팅 방식을 스스로 바꿔서 판매 중심에서 고객 관계 중심으로 차별화해 나갔다.

먼저 고객에 대한 인식을 전화번호 데이터베이스에서 생애주기 동반자로 바꿨다. 기존에도 고객을 이해하기 위한 리서치가 간헐적으로 이루어졌었으나 보험금 청구와 같이 국한된 주제에 한정되었다. 라이나생명은 고객이 체험하는 전체 가치사슬에 대해 팀장 이상 전체 리더가 직접 수행하는 리서치 프로그램을 2019년에서 2020년까지 약 8개월에 걸쳐 진행하였다. 고객 설문지 개발, 온라인 설문과 전화 인터뷰를 통해 가입부터 해지까지 고객의 심리, 니즈, 판단기준, 불만사항 등을 취합하여 시사점을 도출하고 개선계획을 수립하였다. 고객 맞춤 상담을 지원하는 인공지능 비서, 고객에게 잘못 안내한 내용을 바로 정정하도록 돕는 통화품질 모니터링 시스템, 화면 조회를 병행해 이해도를 높이는 "보이는 텔레마케팅 보험가입 서비스"가 이러한 활동의 연속선 상에서 추진되었으며, 이외에도 영업상담시간 예약, 동영상으로 청약내용 재확인, 보험 가입 이후에 계약관리 안내 시 보장분석 제공, 주기적인 관심 콘텐츠 제공 등을 통해 고객이 항상 라이나생명과 연결되고 케어받고 있다고 느끼게 하였다.

이러한 변화는 텔레마케터가 단순 판매자라는 오랜 인식을 스스로 바꿔 고객 생애를 함께하는 컨설턴트로 자리매김하는 계기가 되었다. Frey and Osborne(2017)은 디지털 기술로 대체될 확률이 가장 높은 직업이 텔레마케터라고 분석한 바 있다. 텔레마케터가 일방향으로 상품을 소개하는 역할에 그치면 기술에 의해 대체될 가능성이 크나 기술을 보조자로 활용하여 고객과 심층적으로 컨설팅하는 역할로 전환한다면 대체 가능성이 작아지게 된다. 이는 고객, 텔레마케터, 보험회사 모두에게 부가가치가 발생하는 변화를 의미할 것이다.

조정: 조직 통합과 개발-운영 간 연속성 확보

디지털 전환이란 디지털 기술을 비즈니스의 모든 영역에 통합하여 조직을 운영하는 방식과 고객에게 가치를 제공하는 방식을 근본적으로 변화시키는 것이다(The Enterprisers Project, 2020). 전형적인 기성품을 도입하는 것이 아니라 기존의 경영 방식에 파괴적인 균열을 내고 새로운 기회를 찾아가는 과정이라고 할 수 있다. 이를 위해서는 전사의 다양한 부서로부터 다양한 전문성을 가진 인력이 모여 서로의 의견을 경합하고 조정하여야 한다.

라이나생명은 텔레마케팅 인공지능 비서와 통화품질 모니터링 시스템 구축을 위해 독립적인 추진조직을 구성하였다. 프로젝트를 위한 임시 조직이 아니라 변화관리까지 책임지는 상설 조직으로 편제하였고 텔레마케팅 담당임원, 정보기술 담당임원을 공동 책임자로 발령하였다. 라이나생명의 미래 비즈니스모델을 기획하고 실현한다는 목적을 가진 프로젝트였기 때문이었다. 영업기획자, 영업담당자, 콘텐츠 제작자, 보험업무 전문가, 데이터분석 전문가, 소프트웨어 엔지니어, 기술인프라 엔지니어 등을 하나의 조직으로 구성하여 부서 간 이해관계나 갈등 요소를 사전에 차단하였다.

프로젝트가 완료 시점에 가까워지면서 추진조직의 기능을 확대 개편하였다. 장기적인 비즈니스모델 로드맵으로 확장하기 위해 전사전략 기능을 추가하였고, 프로젝트의 결과가 현장에서 실제로 적용되고 성과가 관리될 수 있도록 텔레마케팅 운영 부서와 통화품질 관리 부서를 흡수하였다. 인슈어테크 도입은 외부 기술업체와 협력하여 개별적인 프로젝트 성격으로 진행되는 경우가 많으나 기업의 체질을 근본적으로 바꾸고 디지털 적응력을 내재화하기 위해서 전사의 역량을 공식적인 조직으로 결집하고 일상적 비즈니스 활동으로 정착시킨 것이다.

이와 같이 라이나생명은 인슈어테크를 통한 비즈니스 혁신에 사활을 건 최고경영자의 리더십을 바탕으로 개별 부서 간 최적이 아닌 전사 차원에서 최적이 되도록 조직을 재편성하였다.

학습: 애자일 프로세스를 통한 발전

애자일 원칙은 2001년 Kent Beck 등 16명의 개발자가 서명한 애자일 선언에서 출발하였다. 공정과 도구보다는 개인 간 상호작용을, 방대한 문서보다는 작동하는 소프트웨어를, 계약 협상보다는 고객과의 협업을, 계획에 따르기보다는 변화에 대한 대응을 더욱 중시하는 방식이다(Agile Manifesto, 2001). 이러한 애자일 원칙은 소프트웨어 개발 방법론에 국한하지 않고 조직 구성 방식, 일하는 방식, 경영 방식 등에 접목되고 있다(Rigby et al., 2016). 딜로이트가 2017년 140개국 10,000명 이상 리더들에게 설문조사한 결과에 따르면 94%가 "애자일"과 "협업"이 조직의 성공에 결정적인 요소라고 답하였다(Deloitte, 2017).

라이나생명은 인슈어테크를 도입하고 비즈니스에 적용하는 과정에서 애자일 원칙을 반영하였다. 이미 검증된 기술과 설루션은 기성고 방식으로 구축하는 것이 효과적이다. 그러나 인공지능, 빅데이터 등은 계속 발전하고 있어서 한 번에 완전하게 적용하기 어렵고, 기술이 성숙하기를 기다렸다가 도입한다면 후발주자가 되어 경쟁력을 확보하기 어려워진다. 문서 등의 행정적인 활동에 시간을 쓰기보다 먼저 기술을 작은 범위에 적용해 보고 반복적으로 수정, 보완, 확산함으로써 조직 내부에서는 지식과 경험이 쌓여 내부역량으로 발전하게 된다.

라이나생명은 추진조직을 구성할 때 기획인력, 영업인력, 콘텐츠인력, 보험업무인력, 기술인력 등을 단일한 조직으로 편제하여 기획자 중심 또는 개발자 중심으로 편향되지 않도록 하였고 담당임원까지 수평적으로 참여하는 일일 스크럼 회의를 통해 모든 이슈를 드러내어 논의하고 즉시적으로 의사결정하는 환경을 조성하였다. 공정과 절차

자체보다는 개인 간 유연한 상호작용에 초점을 둠으로써 각자의 전문성을 바탕으로 서로의 의견이 건설적으로 충돌하고 조정되는 과정에서 서로 배우면서 디지털 역량이 배양될 수 있었다.

또한 인슈어테크의 도입은 텔레마케터에게 큰 변화를 요구하는 상황이었다. 텔레마케터는 보험회사와 위탁계약관계에 있으므로 보험회사의 방침 등에 불만이 있을 때는 타사로 쉽게 이동하게 된다. 라이나생명은 인공지능 비서와 통화품질 모니터링 시스템을 기획하는 단계에서 텔레마케터들의 영업 현장을 녹화하여 최적의 상담 동선을 설계하였고, 시스템 구현 중에도 텔레마케터와 여러 번의 시연회와 간담회를 통해 의견을 반영하였으며, 시스템을 일시에 전면 오픈하지 않고 7개 영업센터에서 먼저 시범운영을 하면서 텔레마케터가 불편을 느끼는 부분을 지속적으로 수정하였다. 이와 같이 실제 사용자인 텔레마케터와의 협업을 통해 현장 수용성을 높일 수 있었다.

한 예로, 통화품질을 측정하는 인공지능 모델은 정답지만 학습한 상태이므로 텔레마케터가 고객과의 통화에서 단어 하나만 잘못 말해도 오안내로 판단하여 벌점을 부가하였고 텔레마케터 입장에서는 평가 결과를 수용할 수 없었다. 이에 영업 현장에서의 활용도를 고려하면서 해결책을 찾아갔다. 인공지능모델이 판단한 결과를 통화품질 평가자가 빠르게 재확인하는 방식으로 프로세스를 개선하여 텔레마케터의 수용도를 높였고 텔레마케터 개인별로 오안내 통계를 제공하고 관련된 교육을 필수적으로 이수하게 하는 방식으로 오안내 발생률을 줄일 수 있었다.

(5) 성과(P)

라이나생명은 인슈어테크를 활용한 비즈니스 혁신을 통해, 고객을 매출 목적의 데이터베이스로 보고 일방적으로 보험상품을 판매하는 전통적인 텔레마케팅의 개념을 스스로 바꾸었고 텔레마케팅은 비대면 전화 통화라는 특성으로 인해 불완전판매가 많다는 편견을 불식시켰다. 텔레마케팅 인공지능 비서를 텔레마케터들이 적극적으로 활용하면서 3개월 내 일평균보험료가 10% 향상되는 성과가 나타났고, 인공지능 기반의 통화품질 모니터링 시스템을 활용함으로써 고객에게 중요내용을 잘못 안내하는 비율이 15% 감소되었다. 인슈어테크 기술로 텔레마케팅을 혁신하면서 매출 규모 중심에서 고객 만족 중심의 채널로 바꾼 것이다.

또한 텔레마케팅의 과도한 비중을 축소하면서도 영업 효율을 높이고 독립보험대리점(GA) 채널을 육성하여 2022년까지 5년간 5.43%의 매출액 연평균 성장률을 기록하였다(공현철, 2023). 동시에 인슈어테크 기술 활용과 소비자보호 정책의 강력한 추진으로 2022년까지 6년 연속으로 생명보험회사와 손해보험회사를 통틀어 보유계약 10만 건당 민원 건수가 가장 적었고 2023년까지 3년간 한국능률협회컨설팅이 선정하는 "소비자가 가장 추천하는 브랜드" 생명보험 부문 1위에 선정되었다(라이나생명, 2023).

(6) 분석 결과의 정리

이러한 라이나생명의 인슈어테크 혁신 성과 사례를 SER-M 프레임워크를 통해 분석한 결과는 〈그림 6〉과 같이 요약할 수 있다.

❙그림 6❙ SER-M 프레임워크를 통해 본 라이나생명 인슈어테크 혁신 사례

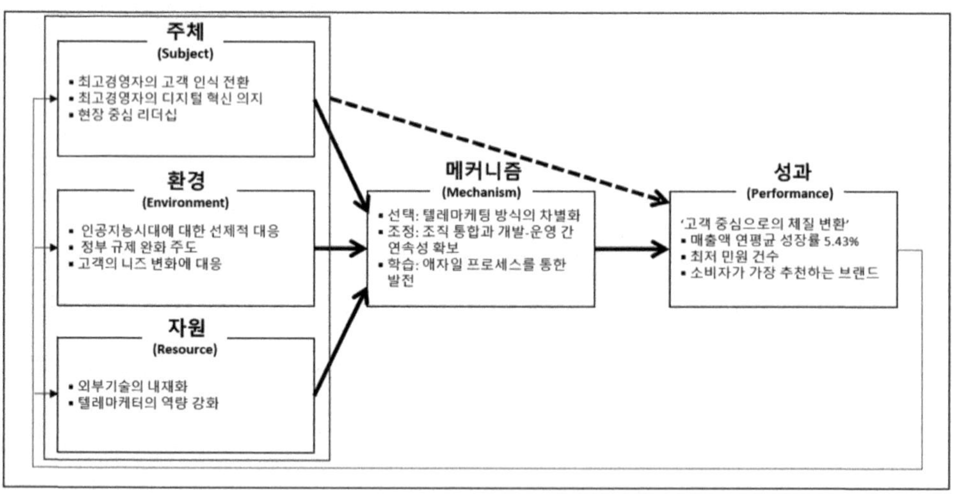

첫째, 주체 관점에서, 최고경영자는 고객에게 일방적으로 전화를 걸어 신상품의 장점에만 호소하는 방식의 비즈니스모델은 사장될 것이라고 보고 고객이 먼저 찾아오도록 하는 고객 중심의 문화로 전환하기 위한 새로운 경영 슬로건을 선포하였으며, 인슈어테크 기술에 선제적으로 투자하고 기술의 가능성을 발굴하여 전사 혁신을 가속하였고, 기술 중심이 아니라 고객의 접점에서 일하는 텔레마케터의 고충과 고객이 겪는 어려움을 깊이 이해하고 개선하는 현장 중심의 리더십을 발휘하였다.

둘째, 환경 관점에서, 라이나생명은 4차 산업혁명과 인공지능 시대를 맞으면서 인공지능 기술의 가능성을 선점하고자 한발 빠르게 전담조직을 신설하고 인재를 영입하여 보험 가치사슬 전반에 걸쳐 인공지능모델들을 구축하였고, 규제에 갇히지 않고 고객편의 중심으로 보험 가입 서비스를 기획하고 규제 완화를 주도함으로써 보험산업의 신뢰도를 높이는 데에 일조하였으며, 수명이 늘어나고 건강에 대한 관심이 증가하는 추세에 맞춰 본인의 건강상태에 맞춘 보장분석 및 설계 서비스를 텔레마케팅 분야에 최초로 선보이고 보험 가입과는 별도로 고객의 건강점수를 산출하고 운동을 지도하는 앱 서비스를 출시하였다.

셋째, 자원 관점에서는, 디지털 기술을 핵심역량으로 확보하기 위해 초기 단계의 기술일 때부터 도입하고 순차적으로 성과를 확인하는 내재화 과정을 진행하였고, 변화의 주체인 텔레마케터의 전화 상담 동선에 맞춰 고객이 원하는 상품정보와 관련 콘텐츠가 즉시 제공되게 하여 보장분석과 맞춤 컨설팅 역량을 높였고 이를 통해 고객과의 대화 시간이 증가하고 청약 성공률이 향상되면서 텔레마케터 스스로 다양한 보험상품을 학습하고 상담 역량을 높이는 선순환을 만들어냈다.

한편 메커니즘 관점에서, 주체는 기업이 처한 외부환경에 대응하기 위해 자원을 선택하고 내부적, 외부적인 조정을 통해 경쟁우위를 획득하며 이러한 과정은 학습을 통해서 강화된다. 라이나생명의 인슈어테크 혁신의 성과 요인을 3개의 하부 요인인 선택, 조정, 학습 메커니즘으로 구분하여 분석한 결과는 다음과 같다.

첫째, 선택 메커니즘으로서, 라이나생명은 텔레마케팅의 성공 방정식을 스스로 바꿔서 판매 중심에서 고객 관계 중심으로 텔레마케팅 방식을 차별화하였다. 먼저 고객을 심층적으로 이해하는 전사적인 리서치 프로그램을 진행하고 그 결과를 토대로 인슈어테크를 활용하여 텔레마케팅 체질을 바꾸는 개선을 수행하였다. 이는 텔레마케터가 단순 판매자에서 고객 생애 컨설턴트로 변모하는 계기가 되었다.

둘째, 조정 메커니즘으로서, 전사적인 변화를 도모하기 위해 추진조직을 통합하였다. 텔레마케팅 임원과 정보기술 임원을 공동 책임자로 임명하고 관련 부서 인력들을 하나의 조직에 편제하여 갈등 요소를 차단하였고 전사전략기능, 운영기능까지 흡수함으로써 전략, 구현, 운영에 이르기까지 일관성을 가지고 실제로 성과가 창출될 수 있도록 하였다.

셋째, 학습 메커니즘으로서, 애자일 원칙과 프로세스를 적용하였다. 급격하게 발전해 가는 기술을 반복적으로 수정, 보완하면서 경험을 축적하였고, 기획 또는 기술에 편중되지 않고 각 분야의 전문가들이 건설적으로 충돌하며 의사결정하는 환경을 조성하였으며, 기술의 한계점을 주어진 조건으로 받아들이지 않고 업무적 판단과 프로세스 개선을 통해 현장의 문제를 해결해 가는 접근으로 실제적인 성과를 창출하였다.

6 | 라이나생명 사례가 주는 인사이트

인슈어테크는 첨단기술을 활용하여 보험상품과 서비스 품질을 개선하는 혁신활동을 의미한다. 보험시장에 인슈어테크를 기반으로 한 스타트업들이 진입하고 경쟁이 치열해짐에 따라 기존의 전통적 보험회사들도 인슈어테크 활용에 적극적인 관심을 가져야 하는 상황이다. 기존 연구들은 인슈어테크 기반 스타트업에 초점을 둔 기업 사례 연구를 수행해 왔다. 반면 전통적 보험회사가 인슈어테크를 활용하여 시장에서 경쟁력을 확보했던 사례에 관한 연구는 희박한 상황이다. 이에 본 연구에서는 전통적 보험회사 중 선도적으로 인슈어테크를 활용하여 성과를 창출하였던 라이나생명에 관한 사례 연구를 수행하였다.

라이나생명은 글로벌 보험회사의 한국 법인으로서 독보적인 혁신성을 바탕으로 고객의 니즈를 정확히 파악하여 괄목할 만한 성과를 보여왔다. 대면 채널 위주인 한국의 보험시장에서 텔레마케팅 채널을 개척하여 3,000명 규모의 영업조직을 보유하고 있으며 고령자 전용 암보험과 같은 업계 최초의 상품을 연속적으로 출시했고 인슈어테크 분야에서도 기술 도입에 주저하지 않고 업계 최초의 인슈어테크 서비스를 선보이고 시행착오를 통해 학습하면서 실제적인 성과를 만들었다. 사례 분석은 라이나생명이 인슈어테크를 도입하기 시작하였던 2016년부터 2022년까지의 상황을 대상으로 하였으며, 경영전략 수립 및 실행을 이끈 주요 요인과 과정을 통합적으로 이해하는 데 유용한 SER-M 프레임워크를 활용하였다.

분석 결과를 보면, 라이나생명의 경우 주체에 해당하는 최고경영자의 인식 전환, 혁신에 대한 의지와 결단이 인슈어테크 도입의 출발점이 되었다. 최고경영자는 인공지능 등 기술의 발전과 고객의 니즈 변화라는 시장 환경의 변화를 인식하고 인슈어테크 활용을 통해 환경 변화에 선제적으로 대응하고자 했다. 또한, 라이나생명은 인슈어테크 도입에 걸림돌로 작용할 수 있었던 정부 규제에 관해서 주어진 환경 조건으로 수용하지 않고 규제 완화를 주도하는 등 환경을 새로이 창조하는 전략을 취했다. 이와 동시에 인슈어테크 활용에 있어서 핵심이 될 수 있는 초기 단계의 인공지능 기술에 과감히 투자하여 해당 기술을 자신들의 내부 자원으로 확보하였으며, 텔레마케터의 역량 강화 등 인슈어테크 활용 역량도 향상하고자 노력했다.

시간의 흐름에 따라 주체, 환경, 자원의 측면들이 상호작용을 하는 가운데 고유의 기업 경영 메커니즘이 형성될 수 있으며 이러한 메커니즘이 잘 작동할 때에 비로소 성과가 창출될 수 있다(허경구, 김주남, 2017). 라이나생명의 사례에서는 선택, 조정, 학습이라는 세 가지 기능을 가진 경영 메커니즘이 잘 구현되었던 것으로 분석된다. 먼저, 기업의 핵심자원을 능동적으로 선택하여 활용하는 선택 메커니즘의 측면에서 라이나생명은 자신들이 가진 가장 큰 강점이자 보유 자원이라 할 수 있는 텔레마케팅의 판매 방식에 인슈어테크를 도입하여 획기적인 변화를 도모했다. 기존의 텔레마케팅은 판매 중심의 방식이었지만 인슈어테크를 적극 활용하여 고객과의 관계를 중심으로 하는 방식으로 전환하였다. 조정 메커니즘의 측면에서는 인슈어테크를 활용한 혁신이

어느 한 부문에 한정되지 않고 전체 비즈니스모델을 혁신하는 방향으로 나아갈 수 있도록 추진조직을 통합하고 업무범위를 개편해 나갔다. 나아가 학습 메커니즘으로는 인슈어테크를 도입하고 실행함에 있어서 일단 작은 범위에 빠르게 적용한 후 반복적인 수정과 보완의 과정을 통해 점차 확산시키는 애자일 프로세스를 활용하였다. 이와 같은 메커니즘들이 작용함으로써 라이나생명의 인슈어테크 혁신 전략은 매출 향상과 고객 만족도 개선 등 좋은 성과를 거둘 수 있었다.

라이나생명의 사례는 인슈어테크와 같은 혁신의 채택이 기업 성과로 창출되기 위해서는 주체, 환경, 자원의 측면뿐 아니라 경영 메커니즘의 작동이 중요함을 시사한다. 라이나생명은 텔레마케팅 시장을 개척하고 혁신적 상품을 최초로 출시해 온 성공 모델에 안주하지 않고 인슈어테크를 빠르게 도입하였다. 기술 자체만이 아닌 비즈니스의 혁신을 목표로 외부 규제에 대응하고 내부역량을 배양함으로써 텔레마케팅 강자의 위상을 유지하고 강화하였다. 라이나생명이 인슈어테크를 도입하고 활용하는 과정에서는 선택, 조정, 학습의 경영 메커니즘이 작동했고 그 결과로 지속적이고 견고한 경영성과를 달성할 수 있었다.

라이나생명의 사례는 기술의 기회를 이용하여 혁신을 이루고자 하는 기업들에 다음과 같은 시사점을 제시한다. 첫째, 인슈어테크 도입과 적용은 일회적인 활동이 아닌 장기간에 걸친 혁신이므로 최고경영자의 지속적인 의지와 이에 상응하는 투자가 전제되어야 한다. 둘째, 다양한 기술이 나타나고 발전해 가는 과정에서 기술 자체가 목적이 아니라 기술을 동력으로 고객에게 어떤 새로운 가치를 제공할 것인가를 염두에 두어야 한다. 이는 개념적 차원이 아니라 고객과 만나는 진실의 순간(Moment Of Truth)에 제공되는 상호 간의 경험에 초점이 있다. 셋째, 기술뿐만 아니라 비기술적인 제약을 극복하기 위한 노력을 병행해야만 실질적인 효과를 거둘 수 있다. 기술의 기회를 극대화하기 위해서는 외부 규제에 적극적으로 대응하고 비즈니스 운영 방식을 함께 재정립하여야 하며 내부 직원의 역할 전환과 역량 배양을 동시적으로 추진해야 한다. 이러한 세 가지 측면을 고려할 때에 비로소 인슈어테크를 활용한 비즈니스 혁신이 성공할 수 있을 것이다.

제3장 / 다차원 관점으로 본 인슈어테크

1장은 국가 산업 차원의 거시적 관점에서, 2장은 개별 기업의 대응이라는 미시적 관점에서 한국의 인슈어테크 발전에 대해 살펴보았다. 3장에서는 MESA에 기반하여 다차원적으로 고찰하고자 한다.

MESA의 각 알파벳은 Mechanism-Based View(메커니즘에 기반한 전략적 사고), Ethics(윤리적 고려사항), System Dynamics(시스템 다이내믹스), AI(인공지능)를 의미한다. Mechanism-Based View(메커니즘에 기반한 전략적 사고)는, 기존 경영전략이 주체, 환경, 자원 관점에서 발전해 왔으나 이들 요인들이 상호작용을 하므로 기업의 지속적인 성공을 설명하기 위해서는 개별 요인들을 메커니즘으로 통합해야 한다는 패러다임이다. Ethics(윤리적 고려사항)는 기업이 경제적 이익만이 아니라 법적 책임을 다하고 더욱 윤리적인 방식으로 비즈니스 상황에 대응해 나갈 때 기업에 대한 평판이 향상되고 직원의 자부심이 높아져 지속가능한 성장을 가능하게 한다는 관점이다. System Dynamics(시스템 다이내믹스)는 어떤 현상의 인과관계를 단선적으로 보지 않고 순환적 관계로 보는 방법론이다. 즉 특정 변수의 동태적인 변화는 시스템 내에 존재하는 다른 변수들과의 상호작용에 의해 일어나므로 시스템 관점에서 피드백 구조를 파악할 때 문제의 근본적인 원인을 찾을 수 있고 더 나은 의사결정을 할 수 있다는 것이다. AI(인공지능)는 기업, 사회 전반에서 효율성을 높이고 의사결정을 도우며 새로운 가능성을 만들고 있다. AI 기술은 급속도로 발전하고 있고 기존의 산업 기술과 융합되고 있어 향후에도 AI를 적용하고 활용하는 역량이 기업의 혁신과 성장에 핵심적인 요인이 될 것으로 전망되고 있다.

이하에서는 Mechanism-Based View(메커니즘에 기반한 전략적 사고), Ethics(윤리적 고려사항), System Dynamics(시스템 다이내믹스), AI(인공지능) 각각의 관점을 활용하여 한국의 인슈어테크 발전의 의미와 한계를 짚어보았다.

1 메커니즘에 기반한 전략적 사고

기업들은 외부환경 변화에 대응하여 생존하고 성장하기 위한 전략을 수립하고 실행해 나간다. 인슈어테크 기술로 촉발된 보험시장의 변화는 개별 기업에게는 기회이자 위협으로 작용한다. 전통적인 보험회사인 라이나생명은 단순히 기술의 도입에만 그치지 않고 인슈어테크를 비즈니스 혁신의 기회로 활용하였다. 최고경영자는 고객 중심의 새로운 경영 슬로건을 선포하고 기술적, 인적 자원을 강화하였으며 텔레마케팅 방식을 바꾸고 조직을 통합하는 등 비즈니스 전반에 걸쳐 체질을 바꾸었다. 이렇듯 전사 전략의 차원에서 이루어진 변화를 이해하기 위해서는 주체, 환경, 자원의 개별적인 관점뿐 아니라 이들 요소가 상호작용하여 만들어지는 메커니즘 관점에서 접근할 필요가 있다. 이 책에서는 라이나생명이 외부 변화에 대응하여 전략을 수립하고 실행한 일련의 과정과 내용을 통합적으로 살펴보기 위해 메커니즘 기반의 프레임워크인 SER-M을 적용하였다.

먼저 주체(S) 측면에서 최고경영자가 시장의 변화에 따른 위기와 기회를 전사적인 혁신으로 연결하기 위해 어떤 리더십을 발휘했는지를 살펴보았고, 환경(E) 측면에서 기술 발전, 정부 규제, 고객 니즈 변화에 대해 구체적으로 어떻게 대응하였는지를 확인하였으며, 자원(R) 측면에서는 외부기술이 내재화되는 과정과 핵심 인적자원인 텔레마케터의 역량이 향상되는 과정을 살펴보았다.

선택, 조정, 학습 메커니즘의 관점에서 보면, 먼저 라이나생명은 상품 판매 중심에서 고객 관계 중심으로 텔레마케팅 방식을 차별화하여 기존의 일방향 영업방식에서 벗어났다(선택 메커니즘). 또한 한시적인 프로젝트 활동이 아닌 전사적이고 장기적인 변화관리를 위해 추진조직을 통합/상설화하였으며(조정 메커니즘), 애자일 원칙과 프로세스에 따라 새로운 서비스를 반복적으로 보완하여 현장의 수용성을 높였다(학습 메커니즘). 주체, 환경, 자원 요소별 대응과 이들 요소를 통합한 메커니즘의 형성과 발전으로 라이나생명은 지속적인 성과를 창출할 수 있었던 것으로 분석되었다. 이와 같이 기업 내부에 형성된 고유한 메커니즘은 쉽게 모방할 수 없는 경쟁우위로 작용한다.

2 | 윤리적 고려사항

보험산업은 금융산업의 한 분야이면서 사회안전망으로서의 역할을 담당하고 있다. 고객들은 보험료를 납부하여 미래의 위험에 대비하고 질병, 사고가 발생했을 때에 보험금을 수령함으로써 경제적인 어려움을 해소한다. 따라서 보험은 상호부조의 약속으로서 윤리적 토대가 없다면 제대로 작동할 수 없는 시스템이라고 할 수 있다. 그러나 보험업계에서는 정보의 비대칭성으로 인한 역선택, 도덕적 해이, 보험사기 등의 윤리적 이슈가 계속되어 왔다. 예를 들어 고객이 본인의 질병을 숨기고 보험에 가입하거나 보험에 가입한 이후에 사고에 대한 주의가 줄어드는 경우가 해당한다. 이러한 이유로 보험료 책정, 보험 청약 심사, 보험금 청구 심사가 보수적으로 이루어져서 결과적으로는 다수의 선량한 고객이 손해를 본다는 인식이 생겨났다.

본 연구는 보험산업의 윤리적 문제를 직접적으로 분석하고 있지는 않지만, 인공지능, 빅데이터 등의 기술이 윤리적 이슈를 해소하는 데에 기여하고 있음을 밝히고 있다. 보험회사는 연령대별 암 발병률과 같은 일반적 통계에만 의존하지 않고 기존에 축적된 심사결과 데이터를 학습한 인공지능 심사모델을 활용하여 심사의 정확도를 높이고 있다. 자동차 운전 습관 데이터로 산정한 운전점수가 우수한 고객에게는 보험료 할인 혜택을 주어 고객이 평소에 안전하게 운전하도록 유도하고 있다. 보험사기 탐지 시스템도 과거에는 규칙 기반 방식에 한정되었지만 인공지능모델이 적용되어 보다 정교하게 사기 징후를 예측하고 있다.

5한편 고객 입장에서 보험전문가에 의해 설계된 보험상품은 이해하기 쉽지 않다. 보장내용과 한도, 보험료, 만기, 지급조건 등과 같은 세부적인 기준들이 많고 복잡하여 다른 보험상품들과 직접적으로 비교하기 어렵다. 전화 통화로 상품 내용을 설명 들을 때는 주의 깊게 듣지 않으면 중요한 정보를 놓칠 위험도 있다. 인슈어테크는 고객의 정보력을 높여 고객이 자신에게 맞는 선택을 하도록 돕고 있다. 예를 들어, 라이나생명은 텔레마케팅에 최초로 보장분석 서비스를 도입하였고, 고객과의 통화 내용을 인공지능으로 모니터링하여 잘못 안내한 사항을 정정 안내한다. 빅테크 플랫폼, 독립보험대리점(GA)이나 인슈어테크 스타트업의 앱 상에서 고객들은 보험상품을 추천받고 보험상품들 간의 장단점을 비교하여 선택할 수 있다.

이렇듯 인슈어테크가 보험산업의 윤리적 이슈 해소에 기여하고 있지만 개별적인 이슈들은 기술적 측면뿐 아니라 소비자 행태, 심리, 법규와 같은 여러 측면이 고려될 수 있으므로 다각적인 연구 설계를 통한 연구가 필요할 것으로 보인다.

3 | 시스템 다이내믹스

1장에서는 한국에서 인슈어테크가 태동하고 발전해 온 전반적인 트렌드를 기술의 변화, 시장참여자의 변화, 보험 설루션의 변화 측면에서 고찰하였다. 각각의 관점에 초점을 두고 분석을 하였으나 세 개의 관점은 서로 간에 영향을 주고받는다. 예를 들어 기술의 발전은 기술 기반 스타트업의 등장을 촉진하고 스타트업의 등장은 시장 경쟁을 촉발하여 고객 서비스가 개선되며 서비스에 만족한 고객은 재구매나 추천을 함으로써 시장 성장에 기여한다. 이와 같이 어떤 현상을 전체 시스템의 관점에서 바라보고 특정 사건이나 변수들의 상호작용과 피드백 구조를 파악할 때 근본적인 인과관계를 찾을 수 있고 더 나은 의사결정을 할 수 있다.

인슈어테크 생태계의 형성과 발전은 〈그림 7〉의 인과순환지도로 설명할 수 있다. 인공지능, 빅데이터, 블록체인, 사물인터넷과 같은 첨단기술이 등장하고 정부가 시의적으로 시장 활성화 제도를 도입하면서 새로운 기회를 활용하기 위한 업무협약과 투자가 활성화되고 이러한 배경에서 신생 스타트업들이 생태계로 유입되었다. 또한 공신력 있는 정부의 개입은 사회적 신뢰를 높이고 불확실성을 감소시켜 더 많은 플레이어들이 생태계로 들어올 수 있게 했다. 시장참여자가 다변화되면서 경쟁이 촉진되었고 신상품 출시, 보험서비스 개선으로 이어져 고객 효용과 만족도를 높였다. 기술을 활용하여 사업을 하는 기업들과, 이들이 제공하는 새로운 설루션에 만족한 고객들이 많아질수록 시장의 규모는 확대되었다.

더불어 정부가 마이데이터와 같이 산업 간 경계를 완화하는 제도를 도입하자 산업 간 융합이 촉진되어 보험사업을 하지 않던 빅테크 플랫폼들이 새로 시장에 들어왔다. 기존의 보험회사, GA와 스타트업, 빅테크 플랫폼으로 시장참여자가 확대되어 경쟁이 점점 더 높아지는 가운데, 시장이 더욱 확대되고 활성화되는 결과를 낳았다.

▍그림 7▍ 인슈어테크 생태계의 인과순환지도

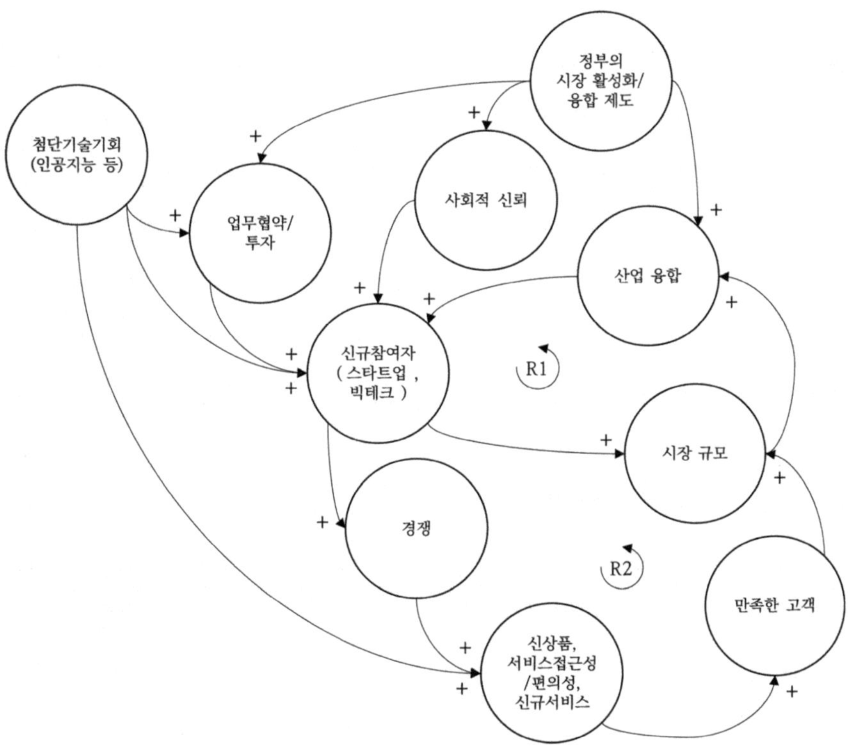

보험산업을 둘러싼 환경의 변화는 기존의 보험회사에게는 기회인 동시에 위협으로 작용한다. SER-M 프레임워크의 관점에서 볼 때, 보험회사의 주체는 외부환경 변화에 대응하여 자원을 창출 또는 강화하고 고유한 메커니즘을 형성, 발전시킴으로써 시장 경쟁력을 높여야 한다. 라이나생명은 인공지능에 선제적으로 투자하였고 정부의 제도 변화에 적극적으로 대응하였으며 텔레마케팅 최초로 보장분석 서비스를 시행하고 헬스케어를 신규 서비스로 출시하였다. 또한 시장참여자들의 혁신 성과는 외부환경에 영향을 미칠 수 있다. 라이나생명의 경우, 외부 기술업체와의 협업을 통해 음성인식과 분석 기술이 발전하는 데에 기여하였고 정부가 "보이는 텔레마케팅(TM) 보험가입 서비스"를 보험업 법 시행령에 반영하는 데에 주도적인 역할을 하였다.

4 | 인공지능과 보험

인슈어테크는 인공지능, 빅데이터, 블록체인, 사물인터넷, 클라우드 등의 첨단기술의 발전으로 인해 촉발된 보험산업의 혁신을 의미한다. 한국에서 인슈어테크가 태동하던 시점에는 블록체인, 사물인터넷이 상대적으로 더 주목을 받았으나 점차 인공지능과 빅데이터가 가장 중요한 기술요소로 자리 잡았다. 블록체인과 사물인터넷이 제한적인 범위에서 보험상품과 서비스를 개선한 반면 인공지능과 빅데이터는 보험 가치사슬 전반에 영향을 미쳤기 때문으로 분석된다. 이러한 결과는 기존 연구들의 예측과도 맥을 같이 한다. 기존 연구들은 인공지능의 적용 범위가 위험 측정만 아니라 사기 예방, 보험금 청구처리와 같이 방대하다고 하였고 챗봇 상담의 확대로 보험판매 방식에도 큰 변화가 올 것으로 전망하였다.

인공지능을 적용한 주요 사례를 살펴보면, 먼저 고객과의 상호작용에 인공지능 챗봇이 활용되고 있다. 미국의 디지털 보험회사인 레모네이드 경우 고객은 챗봇을 통해 신속하게 보험에 가입하고 보험금을 지급받을 수 있다. 정보비대칭성의 문제를 해소하기 위해 고객의 수명점수를 산정하는 사례, 고비용 환자를 예측하는 사례, 보험사기

가능성을 탐지하는 사례들도 관찰되고 있다. 인공지능은 프로세스의 자동화를 통한 효율성 증대에도 기여한다. 예를 들어 많은 보험회사들이 광학문자인식(OCR) 기술을 이용해서 보험금 지급 청구서, 진료 서류에서 텍스트를 자동 추출하고 인공지능 심사 모델에 입력하여 심사 통과 여부를 자동으로 판정한다.

라이나생명의 경우는 인공지능 기술의 기회를 통해 고객 경험 향상, 운영 효율화에서 더 나아가 텔레마케팅 방식을 혁신한 사례이다. STT(Speech-to-Text), 자연어처리와 같은 텍스트 분석 기술을 활용하여 실시간 맞춤 콘텐츠 추천, 통화 요약, 잘못된 안내 감지 등의 기능을 담은 텔레마케터 인공지능 비서를 구현하였고 이를 활용해 텔레마케터가 고객과 양방향 컨설팅이 가능해지면서 신상품정보만 일방적으로 전달하던 영업방식으로부터 벗어날 수 있었다.

2016년 바둑 인공지능인 알파고가 이세돌 9단을 이긴 역사적인 사건 이후로 2022년에는 챗GPT로 대표되는 생성형 AI가 등장하여 인공지능에 대한 관심과 기대는 더욱 높아졌고 보험업계에서도 생성형 AI의 기회를 탐색하는 과정에 있다. 데이터 측면에서는 마이데이터 제도의 확대로 의료, 보건 데이터를 결합하게 되면 한층 더 다양하고 고도화된 인공지능 서비스가 제공될 것으로 전망된다. 한국의 인슈어테크 트렌드를 분석한 연구를 통해 기술 자체보다는 비즈니스의 문제 해결이 중요하다는 점을 상기할 수 있었고 전통적 보험회사인 라이나생명의 사례에서도 기술을 비즈니스를 혁신하는 동력으로 삼을 수 있음을 볼 수 있었다. 이러한 시사점을 고려할 때 인공지능 기술이 계속 발전하는 가운데 비즈니스 목적에 초점을 두고 실제적인 활용 케이스를 만들어내는 기업이 경쟁우위를 점할 수 있을 것으로 보인다.

제4장 / 인슈어테크 발전 트렌드와 전략 : 종합적 고찰

인공지능, 빅데이터 등의 첨단기술은 다양한 산업에 큰 영향을 미치고 있으며 보험산업에서도 인슈어테크의 개념이 등장하여 많은 변화가 일어났다. 이러한 변화를 이해하고 인사이트를 제공하기 위해서 이 책은 시장과 산업 관점에서 인슈어테크의 전반적인 트렌드를 살펴보았고 개별 보험회사 차원에서의 대응과 혁신 사례를 분석하였다.

첫 번째 연구는, 인슈어테크의 변화 요소와 발전 트렌드를 파악하기 위해 2016년부터 2023년까지 인슈어테크와 관련된 한국 언론기사를 수집하여 텍스트마이닝으로 분석하였고, 기술, 시장참여자, 보험 설루션의 관점에서 시간의 흐름에 따른 변화의 양상을 파악하였다.

이를 통해 이론적 관점에서는 기존 연구들이 충분히 설명하지 못한 인슈어테크 발전의 복잡하고 동태적인 과정을 이해할 수 있었다. 예를 들어 기존 연구들이 인슈어테크 시장참여자를 스타트업 중심으로 논의한 반면에 본 연구는 정부의 역할, 타 산업군 플레이어의 진입이 생태계 발전에 중요함을 강조하고 있다. 또한 연구방법 측면에서도 언론기사 전체를 대상으로 과학적 기법인 텍스트마이닝을 적용하여, 표본이 편향될 위험과 연구자의 주관적 해석 가능성을 방지하였다.

실무적인 관점에서는, 블록체인과 사물인터넷이 이를 활용한 비즈니스 케이스의 개발 지연이나 대안적 방법의 적용으로 점차 주목도가 감소한 반면에 인공지능, 빅데이터는 보험 가치사슬 전반에서 실제적으로 문제를 해결함으로써 주목도가 올라간 것과 같이 기술 자체보다는 기술이 어떤 부가가치를 창출하는지에 집중해야 한다는 시사점을 제공한다.

정책적 관점에서는, 금융규제 샌드박스, 마이데이터 제도의 도입이 시장참여자를 확대하고 새로운 보험 설루션을 개발하는 데에 주요한 동인이 되었듯이 시장이 활성화되고 발전하기 위해서는 정부가 유연하고 혁신적인 제도를 시의적으로 도입해야 한다는 점을 강조하고 있다.

두 번째 연구는, 기술이 발전하고 혁신적 스타트업이 등장하는 등 외부환경이 변화하는 가운데에서 전통적 보험회사가 어떻게 인슈어테크를 활용해 성과를 창출하였는지를 파악하기 위해 SER-M 프레임워크를 통해 라이나생명 사례를 분석하였다.

라이나생명의 최고경영자는 시장 환경의 변화를 위협이자 기회로 삼아 적극적으로 대응해 나갔다. 규제 완화를 주도하는 환경 창조 전략을 추진하고 기술의 내재화와 텔레마케터의 역량 강화로 내부 자원을 확보하였다. 또한 라이나생명은 고유의 경영 메커니즘을 형성하고 발전시켜 성과를 창출할 수 있었던 사례로서 의미를 가진다. 선택 메커니즘 관점에서는 가장 강점을 가진 자원인 텔레마케팅의 방식을 인슈어테크를 활용해 근본적으로 전환하였고, 조정 메커니즘 관점에서는 부분적인 변화에 그치지 않고 전체 비즈니스의 변화를 위해 추진조직을 통합하였으며, 학습 메커니즘 관점에서는 반복적 보완으로 사용자 품질을 높이는 애자일 프로세스를 적용하였다.

라이나생명이 기술 기회를 활용해 혁신하고자 하는 기업들에 주는 주요한 시사점은 다음과 같다. 인슈어테크의 도입과 적용은 장기적으로 이루어지므로 최고경영자는 지속적인 의지와 이에 상응하는 투자를 해야 하고, 텔레마케팅 방식을 고객 관계 중심으로 바꾼 것과 같이 고객을 위한 가치 창출에 초점을 둘 때 진정한 혁신이 일어난다는 점을 염두에 두어야 하며, 규제 대응, 비즈니스 운영 방식의 재정립, 직원 역량 육성과 같이 기술 외적인 요소들을 병행할 때 실질적인 효과를 거둘 수 있다는 점을 상기하여야 한다.

인슈어테크가 보험산업에서 기술로 인해 촉발된 비즈니스의 혁신이라는 점에서 비즈니스에 영향을 미치는 주요 영향 요인과 관점들을 전반적으로 이해하고 대응하는 것은 인슈어테크를 추진하는 국가, 기업에 중요하다. 이 책은 언론기사를 시간의 흐름에 따라 기술, 시장참여자, 보험 설루션 측면에서 분석함으로써 인슈어테크의 발전을 복합적이고 역동적으로 이해할 수 있도록 하였고 전통적 보험회사가 인슈어테크를 활용하여 성과를 창출하는 과정을 통합적인 관점에서 바라봄으로써 기업의 대응 전략 수립과 실행을 위한 인사이트를 제공하였다. 향후에는 사회경제적 배경과 규제 환경이 다른 국가와의 비교 연구가 이루어져 인슈어테크 생태계의 변화를 더 포괄적으로 이해할 수 있기를 기대하며, 전통적인 보험회사나 다른 금융회사가 첨단기술을 이용하여 혁신한 사례가 다수 연구되길 기대한다.

참고문헌

개인정보보호위원회. (2024). “전 분야 마이데이터, 혁신기업에 새로운 기회가 될 것”. Available online: https://www.pipc.go.kr/np/cop/bbs/selectBoardArticle.do?bbsId=BS074&mCode=C020010000&nttId=10288

고제욱, 김종윤, 김해웅, & 한경석. (2019). 금융부문에서 블록체인의 수용의도에 영향을 미치는 요인에 관한 혁신저항 효과의 실증연구. 디지털콘텐츠학회논문지, 20(4), 783-795.

공현철. (2023.4.6). 라이나생명, 지난해 순익 3220억…전년比 38.1%↑. 더밸류뉴스. https://www.thevaluenews.co.kr/news/view.php?idx=175327

구자현, & 최승필. (2020). 금융규제 샌드박스의 금융산업에 대한 영향 고찰. 한국개발연구원. Available online: https://www.kdi.re.kr/research/reportView?pub_no=17178

금융감독원. (2019.5.22). 보험회사 인슈어테크(InsurTech) 활용현황. 보도자료.

금융소비자연맹. (2018.1.9). 가계 보험가입 적정성에 대한 비교연구 결과. 보도자료.

금융위원회. (2023.2.14). 보험업법 시행령 일부개정령안 입법예고. 보도자료.

김경훈, 최중범, 한은영, 윤성욱, 안명옥, 김민진, 김초희, 최원준, 윤지영, 김한균, 장진환, 신선화, 장지화. (2021). AI 국가 경쟁력 확보를 위한 중장기 로드맵 구축 연구. 경제·인문사회연구회 협동연구총서 21-35-01.

김규동. (2018). 인슈어테크 발전과 보험회사의 역할 확대. KIRI 리포트(포커스), 457, 5.

김규동, 김윤진. (2021). 보험산업의 디지털 전환 현황과 과제, KIRI 리포트(포커스), 514, 1-8.

김기율. (2022.4.28). 강소 보험사 라이나생명, 처브그룹에 매각후 안정화 과제. 더CEO스코어데일리. https://www.ceoscoredaily.com/page/view/2022042616202083531

김미리내. (2019.10.16.). 라이나생명, 설계사조직 확대하겠다던 도전 '실패'. 비즈와치. https://news.bizwatch.co.kr/article/finance/2019/10/16/0027/naver

김성후, 한낙현. (2022). 주요국 보험업계에서의 정보기술 활용의 활성화에 관한 고찰. 지역산업연구, 45(4), 283-314.

김유미. (2018). 보험회사의 챗봇 도입현황과 이슈. KIRI 리포트(2018.4.9.), 29-30.

김은석, & 김영준. (2019). 인슈어테크 디지털 보험플랫폼서비스의 사용자 수용의도에 관한 연구. 경영학연구, 48(4), 997-1043.

김종필, & 송유진. (2018). 블록체인 기술 혜택의 효과가 블록체인 보험 서비스의 수용의도에 미치는 영향 : UTAUT 모형을 기반으로. 한국IT서비스학회지, 17(4), 163-189.

김진유, 강명수, & 이정훈. (2022). 마이데이터 서비스에 대한 인식이 만족도 및 금융서비스 전환사용의도에 미치는 영향 - 관광, 항공산업에 대한 함의 -. 한국항공경영학회지, 20(5), 89-110.

김태종, 엄재근. (2020). ser-M 기반 프리미엄 가전 시장의 경영 전략 메커니즘에 관한 연구: LG전자 사례를 중심으로. 경영교육연구, 35(6), 509-531.

김형욱, 정승언. (2021). 친환경 고부가가치 합성피혁 개발을 통한 해외진출: ㈜디케이앤디의 역설적 미션 - ser-M 모형을 활용한 메커니즘기반관점으로 분석 -. Korea Business Review, 25(신년 특별호), 117-137.

라이나생명. (2023). 라이나생명 홈페이지. https://www.lina.co.kr/company/about

박소정, 박지윤. (2017). 인슈어테크 혁명: 현황 점검 및 과제 고찰. 보험연구원.

보험신보. (2024). 걸림돌 많은 핀테크·인슈어테크 투자 활성화 정책 필요. Available online: https://www.insweek.co.kr/64450

보험연구원. (2019). 2019년 보험소비자 설문조사. Available online: https://www.kiri.or.kr/pdf/%EC%A0%84%EB%AC%B8%EC%9E%90%EB%A3%8C/KIRI_20191105_171535.pdf

보험연구원. (2022). 2022 보험소비자 행태조사: 보험금 지급심사. Available online: https://www.kiri.or.kr/pdf/%EC%A0%84%EB%AC%B8%EC%9E%90%EB%A3%8C/nre2022-17.pdf

보험연구원. (2023a). 보험회사 지급결제 업무 허용의 필요성 검토. Available online: https://www.fss.or.kr/fss/cmmn/file/fileDown.do?atchFileId=1424f42a5dcb457abde9fdc5dedf1385&fileSn=5

보험연구원. (2023b). 해외 인슈어테크 부문 투자 동향 분석. 연구보고서(2023.4).

비자 코리아. (2021). Visa, 마이데이터 소비자 인식조사 발표. Available online: https://www.visakorea.com/about-visa/newsroom/press-releases/nr-kr-210429.html

서봉교, 남은영, 현상백. (2021). 빅테크의 보험업 진출에 대한 중국 보험사의 디지털 전환

전략과 시사점. 현대중국연구, 23(3), 113-151.
성영애, 변혜원, & 김민정. (2023). 보험소비자 경험이 보험신뢰도에 미치는 영향. 보험금융연구, 34(4), 3-22.
안세영, 임효숙. (2023). 발달장애인 일자리 창출을 위한 사회적기업의 경영전략: SER-M 프레임워크를 활용한 베어베터의 브라보비버 사례 분석. 사회적가치와 기업연구, 16(3), 61-93.
양기진. (2022). 마이데이터업이 생명보험산업에 미치는 영향 및 시사점 연구: 의료데이터 활용관련 쟁점을 중심으로. 보험학회지,(132), 25-61.
이윤철, 구자원. (2009). 기업성장단계별 경영성과 결정요인에 관한 연구. 경영학연구, 38(4), 991-1025.
이재원, 오상진. (2020). 인공지능 기술 기반 인슈어테크와 디지털보험플랫폼 성공사례 분석: 중국 평안보험그룹을 중심으로. 지능정보연구, 26(3), 71-90.
전자신문. (2023). 교보생명, 보험금 지급에 평균 2시간 소요… 업계 1위 수준. Available online: https://www.etnews.com/20231228000045
정지훈, 고영희. (2023). 국내 바이오제약 기업 성장 프로세스와 코로나-19 기회활용 전략: 셀트리온과 삼성바이오로직스 전략 메커니즘 비교분석. Korea Business Review, 27(1), 27-52.
조동성. (2014). 메커니즘기반관점: 통합적경영을 위한 새로운 전략 패러다임. 서울: 서울경제경영.
조선일보. (2022). 한화생명, 청약자동화 설루션 특허… "신계약 체결 시간 90% 단축". Available online: https://biz.chosun.com/stock/finance/2022/10/25/YRUUDLWAMVDA7FWWZRVG5TJVKE/
조영현, 이혜은. (2018). 주요 인슈어테크 기업 사례와 시사점. KIRI 리포트, 435.
조재욱. (2020). 인슈어테크(InsurTech) 산업에서의 인공지능(AI)를 활용한 보험서비스 마케팅 사례 연구. 디지털융복합연구, 18(10), 175-180.
최해룡, 구자원. (2017). IT서비스 기업의 정보화 성과 창출을 위한 메커니즘 요인 사례 연구. 경영과 정보연구, 36(5), 1-26.
한국핀테크지원센터. (2024). 금융규제 샌드박스. Available online: https://sandbox.fintech.or.kr/overview/about_system.do?lang=ko
허경구, 김주남. (2017). 해외독립발전사업 개발 메커니즘 ser-M 관점 연구-한국전력공사의 사례를 중심으로. 한국혁신학회지, 12(2)177-202.
황인창, & 손재희. (2023). 보험산업 디지털전환 설문조사. 보험연구원. Available online: https://www.kiri.or.kr/report/downloadFile.do?docId=367189

Accenture. (2018). *Reimagining Insurance Processes with Intelligent Solutions.* https://insuranceblog.accenture.com/pov/accenture-intelligent-solutions.pdf

ACORD. (2022). *ACORD's 2022 insurance digital maturity study of top global insurance carriers finds that fewer than 25% have truly digitized the val ue chain.* Available online: https://www.acord.org/ACORD-about/acord-news/2022/06/15/acord-s-2022-insurance-digital-maturity-study-of-top-global-insurance-carriers-finds-that-fewer-than-25-have-truly-digitized-the-value-chain (accessed on 13 September 2024).

Agile Manifesto. (2001). https://agilemanifesto.org

Ahmad, S., & Saxena, C. (2022, November 18-19). Internet of things and blockchain technologies in the insurance sector. *2022 3rd International Conference on Computing, Analytics and Networks (ICAN)* (pp. 1-6), Rajpura, Punjab, India.

Bafin. (2022). *InsurTechs-Last revised Sept 1st 2022.* Available online: https://www.bafin.de/DE/Aufsicht/FinTech/Geschaeftsmodelle/Insurtech/Insurtech_node.html

Berlocher, I., Lee, K. I., & Kim, K. (2008, July 20-24). TopicRank: Bringing insight to users. *31st Annual International ACM SIGIR Conference on Research and Development in Information Retrieval* (pp. 703-704), Singapore.

Bharal, P., & Shapiro, L. (2016). *AI-The potential for automated advisory in the insurance industry.* ACORD.

Boston Consulting Group. (2022, June 8). *The funding streak in InsurTech continues.* Available online: https://www.bcg.com/publications/2022/insurance-tech-funding-streak-continues

Braun, A., & Schreiber, F. (2017). The current InsurTech landscape: Business models and disruptive potential. *I. VW HSG Schriftenreihe*, 62. University of St.Gallen, Institute of Insurance Economics (I.VW-HSG)

Cao, S., Lyu, H., & Xu, X. (2020). InsurTech development: Evidence from Chinese media reports. *Technological Forecasting and Social Change*, 161(3), 120277.

Capgemini, & Efma, S. G. (2017). *World insurance report 2017*. Available online: https://www.anuarioseguros.lat/admin/storage/files/Capgemini.pdf

Cappiello, A. (2020). The technological disruption of the insurance industry: A review. *International Journal of Business and Social Science*, 11(1), 1-11.

Catlin, T., & Lorenz, J. (2017). *Digital disruption in insurance: Cutting through the noise*. McKinsey & Company. Available online: https://www.mckinsey.com/~/media/mckinsey/industries/financial%20services/our%20insights/time%20for%20insurance%20companies%20to%20face%20digital%20reality/digital-disruption-in-insurance.ashx

Catlin, T., Lorenz, J. T., Nandan, J., Sharma, S., & Waschto, A. (2018). *Insurance beyond digital: The rise of ecosystems and platforms*. McKinsey & Company, 10, 2018.

Che, X., Liebenberg, A., & Xu, J. (2022). Usage-based insurance-impact on insurers and potential implications for InsurTech. *North American Actuarial Journal*, 26(3), 428-455.

Cortis, D., Debattista, J., Debono, J., & Farrell, M. (2019). InsurTech. In T. Lynn, J. G. Mooney, P. Rosati, & M. Cummins (Eds.), Disrupting finance: *FinTech and strategy in the 21st century* (pp. 71-84). Palgrave Macmillan.

Crawford, S., Meadows, I., & Piesse, D. (2016). *Blockchain technology as a platform for digitization: Implications for the insurance industry*. Available online: https://www.weusecoins.com/assets/pdf/library/Blockchain%20technology%20as%20a%20platform%20for%20digitization%20-%20Implications%20for%20the%20insurance%20industry.pdf

de Andrés-Sánchez, J., & Gené-Albesa, J. (2024). Not with the bot! The relevance of trust to explain the acceptance of chatbots by insurance customers. *Humanities and Social Sciences Communications*, 11(1), 110.

De Mauro, A., Greco, M., & Grimaldi, M. (2016). A formal definition of big data based on its essential features. *Library Review*, 65(3), 122-135.

Deloitte. (2017). *Rewriting the rules for the digital age.* https://www2.deloitte.com/content/dam/Deloitte/it/Documents/human-capital/HCtrendsConference/2.%20Bill%20Pelster%20-%202017%20Global%20HC%20Trends.pdf

Eling, M., & Lehmann, M. (2018). The impact of digitalization on the insurance value chain and the insurability of risks. *The Geneva Papers on Risk and Insurance-Issues and Practice*, 43(3), 359-396.

Eling, M., Nuessle, D., & Staubli, J. (2022). The impact of artificial intelligence along the insurance value chain and on the insurability of risks. *The Geneva Papers on Risk and Insurance-Issues and Practice*, 47(2), 205-241.

Euromonitor International Voice of the Consumer. (2024). *Ask AI.* Available online: https://lp.euromonitor.com/white-paper/2024-global-consumer-trends/ask-ai

Farbmacher, H., L?w, L., & Spindler, M. (2022). An explainable attention network for fraud detection in claims management. *Journal of Econometrics*, 228(2), 244-258.

Financial Stability Board. (2017). *Financial stability implications from fintech: Supervisory and regulatory issues that merit authorities' attention* (pp. 1-61). Financial Stability Board.

Frey, Carl Benedikt & Osborne, Michael A. . (2017). The Future of Employment: How Susceptible are Jobs to Computerization?. *Technological Forecasting and Social Change*, 114, 254-280.

Furdek, M., Natalino, C., Di Giglio, A., & Schiano, M. (2021). Optical network security management: Requirements, architecture, and efficient machine learning models for detection of evolving threats. *Journal of Optical Communications and Networking*, 13(2), A144-A155.

GlobalData. (2022). *Automated home in insurance.* GlobalData.

Gómez, I. S., & Pineda, Ó. M. (2023). What is an InsurTech? A scientific approach for defining the term. *Risk Management and Insurance Review*, 26(2), 125-173.

Greineder, M., Riasanow, T., Bohm, M., & Krcmar, H. (2020). The generic InsurTech ecosystem and its strategic implications for the digital transformation of the insurance industry. In H. C. Mayr, S. Rinderle-Ma, & S. Strecker (Eds.), *40 years EMISA 2019: Digital ecosystems of the future: Methodology, techniques, and applications* (pp. 119-132). Gesellschaft f?r Informatik e.V.

Guiso, L. (2012). Trust and insurance markets. *Economic Notes*, 41(1-2), 1-26.

Hasnaoui, S. S., & Barka, H. (2024). Blockchain for Peer-to-Peer Insurance: Design and implementation of a P2P Insurance application using smart contracts. *International Journal of Innovation and Applied Studies*, 41(3), 717-728.

Holt, D., & Barkemeyer, R. (2012). Media coverage of sustainable development issues-Attention cycles or punctuated equilibrium? *Sustainable Development*, 20(1), 1-17.

Hull, J. C. (2021). *Machine learning in business: An introduction to the world of data science*. CiNii.

IAIS. (2017). *FinTech developments in the insurance industry*. IAIS.

IAIS. (2018a). *Application paper on the use of digital technology in inclusive insurance*. IAIS.

IAIS. (2018b). *Issues paper on increasing digitalization in insurance and its potential impact on consumer outcomes*. IAIS.

Juma'h, A. H., & Li, Y. (2023). The effects of auditors' knowledge, professional skepticism, and perceived adequacy of accounting standards on their intention to use blockchain. *International Journal of Accounting Information Systems*, 51, 100650.

Khatwani, R., Mishra, M., Bedarkar, M., Nair, K., & Mistry, J. (2023). Impact of blockchain on financial technology innovation in the banking, financial services and insurance (BFSI) sector. *Journal of Statistics Applications and*

Probability, 12(1), 181-189.

Koprivica, M. (2018, November 8). InsurTech: Challenges and opportunities for the insurance sector. *2nd International Scientific Conference ITEMA* (pp. 619-625), Graz, Austria.

KPMG. (2024). *Pulse of FinTech H2'23*. Available online: https://assets.kpmg.com/content/dam/kpmg/xx/pdf/2024/02/pulse-of-fintech-h2-2023.pdf

Langenberger, B., Schulte, T., & Groene, O. (2023). The application of machine learning to predict high-cost patients: A performancecomparison of different models using healthcare claims data. *PLoS ONE*, 18(1), e0279540.

Lerner, M. (2020). *Insurer digital interactions double since 2015: ACORD*. Business Insurance. Available online: https://www.businessinsurance.com/insurer-digital-interactions-double-since-2015-acord-insurance-industry/

Maier, M., Carlotto, H., Saperstein, S., Sanchez, F., Balogun, S., & Merritt, S. (2020). Improving the accuracy and transparency of underwriting with AI to transform the life insurance industry. *AI Magazine*, 41(3), 78-93.

Marano, P. (2019). Navigating InsurTech: The digital intermediaries of insurance products and customer protection in the EU. *Maastricht Journal of European and Comparative Law*, 26(2), 294-315.

Marano, P., & Noussia, K. (Eds.). (2020). *InsurTech: A legal and regulatory view* (Vol. 1). Springer International Publishing.

Mueller, J. (2018). *InsurTech rising: A profile of the InsurTech landscape*. Milken Institute.

Pauch, D., & Bera, A. (2022). Digitization in the insurance sector-challenges in the face of the COVID-19 pandemic. *Procedia Computer Science*, 207, 1677-1684.

Pollari, Ian, & Anton Ruddenklau. (2019). *The Pulse of fintech 2018: Biannual global analysis of investment in Fintech*. KPMG.

Puschmann, T. (2017). FinTech. *Business & Information Systems Engineering*, 59(1), 69-76.

Ricci, J., Baggili, I., & Breitinger, F. (2019). Blockchain-based distributed cloud storage digital forensics: Where's the beef? *IEEE Security & Privacy*, 17(1), 34-42.

Rigby, D., Sutherland, J., & Takeuchi, H. (2016). Embrcing Agile. *Harvard Business Review*, May 2016 issue. https://hbr.org/2016/05/embracing-agile

Sangari, M. S., & Mashatan, A. (2024). What is driving consumer resistance to crypto-payment? A multianalytical investigation. *Psychology & Marketing*, 41(3), 575-591.

Siegrist, M. (2000). The influence of trust and perceptions of risks and benefits on the acceptance of gene technology. *Risk Analysis*, 20(2), 195-204.

Sosa, I., & Montes, O. (2022). Understanding the InsurTech dynamics in the transformation of the insurance sector. *Risk Management and Insurance Review*, 25(1), 35-68.

Spender, A., Bullen, C., Altmann-Richer, L., Cripps, J., Duffy, R., Falkous, C., Farrell, M., Horn, T., Wigzell, J., & Yeap, W. (2019). Wearables and the internet of things: Considerations for the life and health insurance industry. *British Actuarial Journal*, 24, e22.

Stoeckli, E., Dremel, C., & Uebernickel, F. (2018). Exploring characteristics and transformational capabilities of InsurTech innovations to understand insurance value creation in a digital world. *Electronic Markets*, 28, 287-305.

Sun, R. T., Garimella, A., Han, W., Chang, H. L., & Shaw, M. J. (2020). Transformation of the transaction cost and the agency cost in an organization and the applicability of blockchain-A case study of peer-to-peer insurance. *Frontiers in Blockchain*, 3, 24.

Svetlana, V. (2016). InsurTech: Challeges and development perspectives. *International Journal of Innovative Technologies in Economy*, 3(5), 39-42.

SWISS Re. (2023a). *The economics of digitalisation in insurance*. Available online: https://www.swissre.com/institute/research/sigma-research/sigma-2023-05-digitalisation.html

SWISS Re. (2023b). *World insurance: Stirred, and not shaken*. Available online:

https://www.swissre.com/dam/jcr:0e365e0b-cb43-4c35-a72a-db4fb4a0ea51/2023-07-10-sri-sigma-world-insurance-en.pdf

The Enterprisers Project. (2020). What is digital transformation?. https://enterprisersproject.com/what-is-digital-transformation

Turrin, R. (2018). *InsurTech and AI-You can run but you cannot hide from the future. The InsurTech book: The insurance technology handbook for investors, entrepreneurs and FinTech visionaries* (pp. 244-246). John Wiley & Sons.

Volosovych, S., Zelenitsa, I., Kondratenko, D., Szymla, W., & Mamchur, R. (2021). Transformation of insurance technologies in the context of a pandemic. *Insurance Markets and Companies*, 12(1), 1-13.

Wilkie, A., & Smith, S. S. (2021). *Blockchain: Speed, efficiency, decreased costs, and technical challenges. In The emerald handbook of blockchain for business* (pp. 157-170). Emerald Publishing Limited.

Wind, J. (2017). *How insurers can protect against digital disruption.* Available online: https://knowledge.wharton.upenn.edu/article/insurers-can-protect-digital-disruption-2/

World Economic Forum. (2016). *The fourth industrial revolution: What it means, how to respond.* Available online: https://www.weforum.org/agenda/2016/01/the-fourth-industrial-revolution-what-it-means-and-how-to-respond/

Wüstenhagen, R., Wolsink, M., & Bürer, M. J. (2007). Social acceptance of renewable energy innovation: An introduction to the concept. *Energy Policy*, 35(5), 2683-2691.

Xu, X., & Zweifel, P. (2020). A framework for the evaluation of InsurTech. *Risk Management and Insurance Review*, 23(4), 305-329.

Yan, T. C., Schulte, P., & Chuen, D. L. K. (2018). *InsurTech and FinTech: banking and insurance enablement. Handbook of Blockchain, Digital Finance, and Inclusion*, 1, 249-281.

Yao, Q., & Xu, X. (2019). *China InsurTech development report.* Technology

Press.

Zeier Röschmann, A., Erny, M., &Wagner, J. (2022). On the (future) role of on-demand insurance: Market landscape, business model and customer perception. *The Geneva Papers on Risk and Insurance-Issues and Practice*, 47(3), 603-642.

Zhang, J. (2022). Design and implementation of insurance product recommendation system. *Frontiers in Computing and Intelligent Systems*, 1(2), 63-66.

Zhou, Y., Yan, S., Li, G., Xiong, Y., & Lin, Z. (2023). *The impact of consumer skepticism on blockchain-enabled sustainability disclosure in a supply chain. Transportation Research Part E: Logistics and Transportation Review*, 179, 103323.

笠原康弘. (2020). 諸外国の保険業界における IT 活用の動向. *損保総研レポート*, 133, 29-58.

| 저자소개 |

이 용 수

IGM세계경영연구원 교수로 재직 중이고 산업정책연구원 연구교수다. 고려대학교 경영학과를 졸업했고 동 대학교에서 경영과학·MIS 석사학위를, 서울과학종합대학원대학교에서 경영학(AI·전략경영) 박사학위를 받았다. 저서로 <AI와 기업 경쟁력>이 있다.
글로벌 보험회사 처브의 한국법인인 라이나생명에서 전략, IT, 운영 담당 임원으로 재직하는 동안 업계 최초로 AI 영업 비서를 도입했고, 서류 없는 보험금 청구 구현, RPA 기반 업무 자동화를 이끌었다. 이전에는 PwC컨설팅에서 금융, 공공 분야에 경영성과관리, ERP(전사적 자원 관리), IFRS(국제회계기준), IT 전략 컨설팅을 수행했고 NH투자증권(구 LG증권)에서 소프트웨어 개발자로 커리어를 시작했다.

인슈어테크 인사이트 :

보험산업의 변화와 보험회사의 전략적 응답

2025년 5월 14일 | 초판 인쇄
2025년 5월 21일 | 초판 발행

지 은 이 | 이용수
발 행 인 | 이민동
발 행 처 | 서울경제경영출판사
북 디 자 인 | (주)우일미디어디지텍

주 소 | 03767 서울특별시 서대문구 신촌로 205, 201호
전 화 | 02)313-2682
팩 스 | 02)313-8860

등 록 | 1998년 1월 12일 제5-63호

ISBN 979-11-6282-137-4 정가 12,000원